Fabio Bourbon
Patrizia Balocco

REISE DURCH

# ISRAEL

STÜRTZ VERLAG WÜRZBURG

# INHALT

Links *Zur Andacht eines Rabbiners gehören auch rituelle Bestandteile, wie der Tefillin, eine kleine Schachtel, die Fragmente der Thora enthält, und der Tallith, ein weißer Schal mit schwarzen Streifen.*
Rechts *Ein antikes Minarett der Stadt erhebt sich vor der majestätischen Kuppel des Felsendoms.*
S. 2/3 *Die Altstadt von Jerusalem ist noch immer von der mittelalterlichen Mauer umgeben; rechts ist die vergoldete Kuppel der Omar-Moschee zu sehen.*
S. 4/5 *Die Schüler der Talmudschule Torah Shomrei Hochomot tragen ihr Haar gemäß der Tradition; ihre Locken müssen die Ohren bedecken.*

# ISRAEL – IM LAND DER BIBEL

## EINE GEOGRAPHIE

Am östlichen Rand des Mittelmeeres, abseits der sonnenüberfluteten Strände Afrikas, weit entfernt vom sagenumwobenen GRIECHENLAND und den historischen Stätten der Inseln ZYPERN und RHODOS, liegt ISRAEL – Land der Geschichte und der Gegenwart zugleich. Hier begründeten die biblischen Stammväter in den Anfangszeiten der jüdischen Kultur den Monotheismus, hier ließ der König und Psalmendichter *David* seine Hauptstadt JERUSALEM errichteten, hier erfüllte Jesus den göttlichen Auftrag; doch erwiesen sich die an diesem Ort schnell erblühenden Kulturen und Reiche als vergänglich und gerieten wieder in Vergessenheit.

Aber ISRAEL lebt nicht nur von seiner Vergangenheit – in unserem Jahrhundert setzte eine erst neu entstandene Nation alle Hoffnungen auf Würde und Anerkennung in dieses Land. In Hunderten von Kibbuzim wurden neue Formen des gemeinschaftlichen Zusammenlebens entwikkelt, und nach Jahrhunderten des Brachliegens und der Nichtbewirtschaftung wurde diese Erde nun wieder bebaut und fruchtbar gemacht. ISRAEL ist heute ein kosmopolitischer Staat, der von Menschen aus über siebzig Ländern bewohnt wird, die hierher emigrierten, um sich auf die Suche nach dem in der Bibel prophezeiten gelobten Land zu machen.

ISRAEL ist nur vierhundert Kilometer lang, seine Breite schwankt zwischen fünfzehn und hundertzehn Kilometern – geographisch scheint es ein kleines Land, gemessen an der historischen Dimension von fünftausend Jahren Geschichte. Die Wüsten, das Meer und die Seen sowie die Stille der Grotten lassen jeden Tag aufs neue die Vergangenheit lebendig werden: Überall stößt man auf *israelitische Festungen, römische Amphitheater, byzantinische Kirchen,* antike Städte und Kastelle aus den Zeiten der Kreuzritter.

Das Land, das vielen als Zufluchtsstätte diente, ist vor allem auch ein Land der Gegensätze. Hier können Vergangenheit und Zukunft, Orient und Okzident, Mystik und Technik, Glaube und Agnostizismus nebeneinander bestehen. ISRAEL birgt viele Widersprüche in sich. Es ist ein

*Die Kapelle der Seligpreisungen wurde 1937 am Ufer des See Genezareth erbaut; nach der Überlieferung hielt Jesus auf dem Hügel die Bergpredigt.*

S. 8/9 *Ein eindrucksvoller neun Kilometer langer römischer Aquädukt durchquert die Wüste in der Gegend von Caesarea; die Bögen sind zum Teil im Sand versunken.*

S. 10/11 *Ein schmaler Asphaltstreifen führt durch die trostlose Weite der Wüste von Judäa.*

S. 12/13 *Ein Blick vom Berg Tabor aus über die fruchtbare Ebene.*

noch junger Staat, der aber bereits eine führende Rolle im Bereich der Technik beansprucht. Die Menschen sind zukunftsorientiert, ohne jedoch auch nur für einen Augenblick die eigene Geschichte zu vergessen, die eine gemeinsame geistige Grundlage bildet. Dieses Stück Erde ist ein Schmelztiegel für Zuwanderer von überall her und ein Experimentierfeld, in dem verschiedenste Formen sozialen Zusammenlebens erprobt werden.

Doch die territorialen Ausmaße des Staates ISRAEL, der der Weltpresse seit Jahren immer wieder Schlagzeilen liefert, sind nicht exakt festgelegt. Die natürlichen Grenzen stellen auf der einen Seite das südliche Mittelmeer und die grünen Felder entlang der Küste dar, auf der anderen Seite sind es die kahlen Gebirge von JUDÄA und SAMARIA. Im Norden stößt ISRAEL an den LIBANON, im Osten an SYRIEN und JORDANIEN, und im Süden schließt die gelblich leuchtende Wüste NEGEV bereits an die zu ÄGYPTEN gehörende Sinaihalbinsel an. Typisch für die nördliche Region OBERGALILÄA sind die tiefen Talsenken. Dort sind die Ausläufer der Berge so flach, daß in diesem Landstrich dank intensiver Bewirtschaftung Oliven und Obst gedeihen. Die konfliktreiche Region SAMARIA im Norden des WESTJORDANLANDES erinnert zum Teil an OBERGALILÄA, während die Berge von JUDÄA nur schwer zugänglich sind; die benachbarten GOLANHÖHEN sind vor allem durch die für sie charakteristischen erloschenen Vulkane geprägt. Das Küstentiefland dagegen, die biblische SHARON-EBENE, erstreckt sich vom Fuß des BERGES KARMEL bis hin zum Gazastreifen und ist bekannt durch seine schon sprichwörtliche Fruchtbarkeit. Hier wachsen Zypressen, Apfelsinenbäume, Eukalyptusbäume, Maulbeerbäume und Dattelpalmen, die allesamt sogar im Winter Früchte tragen. Ihren höchsten Punkt erreicht die Region mit dem 1200 Meter hohen BERG MERON in GALILÄA, während Sodom die tiefstgelegene Stelle mit 392 Metern unter dem Meeresspiegel darstellt. Gemäß der offiziellen Daten breitet sich ISRAEL über eine Fläche von gerade einmal 20770 Quadratkilometern aus, wobei nicht vergessen werden darf, daß, als Folge des Sechstagekrieges und der bis heute ungeklärten Frage der besetzten Gebiete, ISRAEL das wahrscheinlich einzige Land der Welt ohne eigene, genau festgelegte Staatsgrenzen ist. In diesem umkämpften Krisenherd leben 3,5 Millionen *Juden* und etwas mehr als 700000 *Araber*, zu denen man noch die 1,3 Millionen Bewohner der seit 1967 besetzten Gebiete des WESTJORDANLANDES, des GAZASTREIFENS und der GOLANHÖHEN hinzuzählen muß. Zwei kleine Völker also teilen sich ein Land, das immer noch auf den Frieden wartet. Gerade darin besteht eine Besonderheit ISRAELS. Auf engstem Raum müssen hier die Eigentümlichkeiten und die Widersprüchlichkeiten veschiedenster Volksgruppen berücksichtigt werden. Geographische Größe und kulturelle Vielfalt stehen im Land Zions in keinem ausgewogenen Verhältnis zueinander.

In ISRAEL begegnen sich Menschen aus vielen unterschiedlichen Kulturkreisen und leben dort trotz ihrer Verschiedenheit neben- und miteinander, vor allem seit der Zustrom von Auswanderern die *Juden* von überall aus der

*Am Nordufer des Toten Meeres liegt die geschichtsträchtige Stadt Jericho, von der die biblische Tradition sagt, sie sei im 13. Jahrhundert v. Chr. von Josua erobert worden. Während der Römerherrschaft ließ Herodes der Große hier prächtige Bauten errichten, in der christlichen Ära wurde Jericho dann ein bedeutender Bischofssitz. Der langsame, aber unaufhaltsame Niedergang begann nach den Kreuzzügen, als sich Jericho allmählich in eine arabische Stadt zu verwandeln begann. Seit 1967, mit dem Ende des Sechs-Tage-Krieges und der Besetzung des Westjordanlandes gehört Jericho zu Israel. Archäologische Ausgrabungen im alten Teil der Stadt brachten eine Synagoge aus dem sechsten Jahrhundert zutage, darüber hinaus auch die überwältigenden Ruinen des Palastes des Hisham, eines arabischen Kalifen aus dem achten Jahrhundert. Neben zahlreichen architektonischen Feinheiten, die von einem erlesenen Geschmack zeugen, ist hier auch das berühmte Mosaik mit dem Lebensbaum, einem im gesamten Mittelmeerraum sehr verbreiteten allegorischen Symbol, erhalten.*

Diaspora wieder an den Stätten, wo die Geschichte ihres Volkes begann, zusammengeführt hat. Will man dieses Einwanderungsland bildhaft beschreiben, könnte man an ein historisches Puzzle denken, dessen Einzelteile die Menschen unter großen Anstrengungen wieder zu einem Ganzen zusammenfügen wollen. Doch im Judenstaat leben nicht einfach nur Juden. Obwohl ISRAEL wegen seiner führenden Rolle als Militärmacht geliebt, gehaßt und gefürchtet wird, ist das Land im Inneren in Wahrheit in Fraktionen gespalten. Diese Zerrissenheit bestimmt seit jeher die Geschichte des Landes und äußert sich in der Politik ebenso wie im Zusammenleben der ethnischen Gruppen.

*Der prunkvolle Palast des Hisham, der im byzantinischen Stil, stark beeinflußt von der islamischen Kunst, gebaut ist, wurde bei einem Erdbeben im Jahr 747 n. Chr. teilweise zerstört. Die Ausgrabungen, die die monumentalen Reste des Bauwerkes ans Licht brachten, zählen zu den interessantesten, die in Israel unternommen wurden.*

*Israelis arabischer* oder *europäischer, kurdischer, iranischer, marokkanischer* oder *jemenitischer* Herkunft, Glaubensbrüder aus Amerika und Japan verteidigen ihre jeweiligen nationalen Traditionen; aber dank diplomatischer Drahtseilakte des Staates kann man jetzt von einer weitgehenden friedlichen Koexistenz sprechen. Zwar bestehen nach wie vor unendlich viele Differenzen, doch erhoffen sich alle eine gemeinsame Zukunft und darüber hinaus bedeutet die sprachliche und ethnische Vielfalt auch eine kulturelle Bereicherung für ISRAEL.

## AUF DEN SPUREN DER BIBEL

Auch vom rein historischen Standpunkt aus betrachtet, erscheint diese Ecke des Nahen Ostens wie ein buntes Mosaik aus sehr unterschiedlichen Ereignissen. Vor über 4000 Jahren setzte sich ein Mann von UR in CHALDÄA aus samt seiner Herde in Bewegung, um sich in BEER SHEVA niederzulassen. Sein Name war *Abraham.* Er war der Stammvater des Judentums. Neunzehn Jahrhunderte später brachte *Maria,* die Frau des Tischlers *Josef von Nazareth,* in GALILÄA einen Sohn, *Jesus,* zur Welt, der der Begründer des *Christentums* werden sollte. Im Jahr 622 durchquerte ein junger Mann die Wüste, der eine ungeheuere visionäre Kraft besaß und den Glauben an den alleinigen Gott *Allah* predigte. Es war *Mohammed,* der Prophet des *Islam.* Schon allein die Tatsache der Koexistenz von drei Weltreligionen in ISRAEL sorgt seit Jahrhunderten für Konflikte. Die Bibel nennt es ein Land, wo Milch und Honig fließen, aber bis in die jüngste Zeit fand man hier nichts als trockene Wüstenlandschaft und vereinzelte Sumpfgebiete vor. Warum das gelobte Land der *Juden* immer Gegenstand von Streitigkeiten und imperialen politischen Zielen gewesen war, kann wohl nur durch die strategische Position erklärt werden, die ISRAEL im Lauf seiner Geschichte erwarb. *Ägypter, Assyrer, Babylonier, Perser, Griechen* und *Römer* in der Antike, später die *Byzantiner* und *Araber* sowie die *Kreuzritter, Mamelucken, Türken* und zuletzt die *Engländer* sahen die Eroberung ISRAELS als unerläßlich für die Schaffung und Erhaltung ihrer Reiche an. Wollte man aber die lange Vergangenheit des jüdischen Volkes in irgendeiner Weise zusammenfassen, käme dies dem Versuch gleich, das Alte Testament in Form eines »Baedekers« wiedergeben zu wollen. Eine Vorstellung von der Mystik dieses Landes kann man jedoch nur dann gewinnen, wenn man sich mit der Bibel unter dem Arm auf Entdeckungsreise durch ISRAEL macht. Biblische Anklänge sind allgegenwärtig: zum Beispiel dort, wo *David* lebte, dort wo der Prophet *Jesaja* wirkte, oder dort, wo die *Makkabäer* den Aufstand probten. Dieses in vieler Hinsicht unerbittliche Land der Stammväter und die Heimat des *Messias* kann unmöglich mit den Maßstäben der Logik und der Ratio erfaßt werden.

In den fünf Büchern *Moses* wird ausführlich über die Familie des *Jakob* berichtet, die sich in ÄGYPTEN niedergelassen hatte. *Jakob* war ein Sohn des *Isaak* und Nachfahre *Abrahams.* Nachdem er mit einem Engel gekämpft hatte, wurde *Jakob Israel* genannt, was wörtlich übersetzt »Gott hat gewonnen« bedeutet. Dem Pharao bereitete die Erstarkung des Volkes der Juden Unbehagen; er tolerierte weder ihren wachsenden Einfluß in der Gesellschaft noch ihre andersartigen Sitten und Gebräuche und ihre Weigerung, sich seinen Gesetzen zu beugen. Er bekämpfte sie, indem er versuchte, die Zahl der Geburten zu dezimieren und ihnen erniedrigende Arbeiten zuwies. Die Verfolgung der *Juden* dauerte vier Jahrhunderte an, bis zu dem Tag, als *Moses* sich entschloß, sein Volk von der Versklavung zu befreien und es in das Land KANAAN, das »Land der Verheißung« führte. In der Wüste offenbarte sich Gott Moses von neuem und vertraute ihm die Gesetzestafeln, die aus ISRAEL »ein Volk, das nicht in die Mitte der anderen Nationen gehört«, machen sollte. Nachdem sie im Land KANAAN angekommen waren und die Stadt JERICHO erobert hatten, ließen sich die *Juden* am Westufer der JORDANS nieder. Nach der Überlieferung fand die jüdische Eroberung in den Jahren zwischen 1200 und 1100 vor Christi Geburt statt. Die zwölf Stämme Israels wurden zuerst von den Richtern (gewissermaßen Vorläufer der späteren Könige), dann von Königen wie *Saul, David* und *Salomon* angeführt. In diese Zeit fiel auch die Gründung der ersten festen Siedlung, und die politisch-religiöse Organisation um Jerusalem und den ersten Tempel nahm Gestalt an. Auch nach der Invasion der *Babylonier* und der Verschleppung nach MESOPOTAMIEN blieb der Wunsch auf eine Rückkehr nach Zion, durch die messianischen Ausblicke der Propheten noch genährt, erhalten. Als *Kyros* BABYLONIEN endgültig zu Fall gebracht hatte, konnten die aus dem Exil befreiten *Juden* in PALÄSTINA wieder eine Gemeinde bilden, die allerdings sehr viel kleiner als die ehemalige war. Im Jahr 65 vor Christus begann mit *Pompejus* die Belagerung durch die *Römer,* und 37 vor Christus wurde Herodes König von Judäa. Auf dem Gebiet PALÄSTINAS verschärfte sich inzwischen die schwere moralische und kulturelle Krise, die von einem Bruch zwischen verschiedenen ethnischen Gruppen und der Entwicklung des neu entstehenden Christentums herrührte. Zunächst dreigeteilt und später wiedervereinigt, war PALÄSTINA zur Zeit der Caesarenherrschaft der Brennpunkt immer stärker werdenden jüdischen Unmutes, was schließlich zu einem Aufstand führte, der im Jahre 70 nach Christus mit der Zerstörung JERUSALEMS und des TEMPELS VON TITUS blutig niedergeschlagen wurde. Nach über sechs Jahrzehnten langen und vergeblichen Widerstandes begann nun für die verbliebenen Juden die Zeit der stärksten Diaspora. Die folgenden achtzehn Jahrhunderte erzählen die Geschichte eines unruhigen Landes, in dem *jüdische, christliche* und *islamische* Riten und Pilgerzüge aufeinandertrafen. Einmal gehörte ISRAEL bereits zum Herrschaftsbereich der *islamischen Kalifen,* ein andermal zu dem der *osmanischen Paschas,* und es war dem britischen Weltreich unterstellt, wurde aber niemals als Nation Israel erwähnt. Davon sprach man erst wieder in den letzten beiden Jahrzehnten des vergangenen Jahrhunderts, als die ersten jüdischen Pioniere begannen, sich in der alten Heimat niederzulassen, nachdem sie aus Rußland vertrieben worden waren. Seit der zweiten Zerstörung des Tempels stand der Wunsch einer Rückkehr nach Zion im Zentrum des *Judaismus* und war eine nie nachlassende, dauerhafte und starke Empfindung.

## PALÄSTINA WIRD ISRAEL

Daß der Glaube an die Rückkehr das jüdische Volk bis zum Tag der Wiedergeburt der Nation trotz aller Verfolgungen geeint hat, ist wohl ein einmaliges Phänomen in der Geschichte der Menschheit. Der Zionismus ist daher kein neuer Gedanke in der Geschichte des Judentums, sondern eine moderne Bezeichnung für ein uraltes Gefühl. Bis zum Tag vor dem Ausbruch des Zweiten Weltkrieges siedelten sich die Pioniere in der Wüste und in Sumpfgebieten an, um dort die Erde urbar zu machen und eine gerechte, moralisch vollkommene Gesellschaft zu schaffen, ein Utopia für ein ganz neues Volk; denn Ende der dreißiger Jahre kam fast eine halbe Million Juden in PALÄSTINA an.

Links *Die alte Synagoge von Bar'am in den Bergen Nordgaliläas ist nicht nur die besterhaltenste, sondern auch eine der ältesten Synagogen Israels; ihre Überreste gehen auf den Anfang des dritten Jahrhunderts v. Chr. zurück.*

Rechts *Die unterirdische Totenstadt von Bet Shearim gehört zu den außergewöhnlichsten archäologischen Fundstätten Israels; viele der großen Sarkophage, die in den Gruften besichtigt werden können, sind mit eigentümlichen Basreliefs, die Löwen, Stiere und Adler darstellen, verziert.*

Doch inzwischen breitete sich in Europa der *Antisemitismus,* mit dem das Volk Davids schon immer konfrontiert war, immer weiter aus. Mit der Machtergreifung der Nationalsozialisten brach für Israel der finsterste und dramatischste Abschnitt seiner Geschichte an: In den Konzentrationslagern eines verrückt gewordenen Deutschlands starben sechs Millionen Juden. Doch diejenigen, die den Holocaust überlebt hatten, gaben die Hoffnung nicht auf. Am 14. Mai 1948 wurde von *Ben Gurion* die Gründung des Staates

Israel ausgerufen. Der offizielle Text lautet: »Kraft des natürlichen und historischen Rechts des jüdischen Volkes und der Entschließung der Vereinten Nationen erklären wir hiermit die Errichtung des jüdischen Staates in Palästina, der Israel genannt wird.«

Noch am Tag der Proklamation der Unabhängigkeit gingen die arabischen Staaten zum Angriff über. Dieser Krieg, der als Unabhängigkeitskrieg in die Geschichte einging, war zwar nur die erste, aber auch die verbissenste einer Reihe von Auseinandersetzungen zwischen ISRAEL und der arabischen Welt. In den folgenden Jahren galt es, die Stellung des Landes auf internationaler Ebene zu regeln und sich den inneren Problemen zu stellen, wobei in erster Linie den wirtschaftlichen und sozialen Schwierigkeiten Beachtung geschenkt wurde, da die junge Nation darauf vorbereitet sein mußte, einen stetig wachsenden Zustrom von Immigranten aufzunehmen.

Seit dem Tag der Staatsgründung war ISRAEL den arabischen Ländern ein Dorn im Auge. Sie weigerten sich, die Existenz eines jüdischen Staates im Nahen Osten anzuerkennen. In den Jahren 1956, 1967 und 1973 trugen ISRAEL und seine feindlich gesinnten Nachbarn diesen Konflikt auf dem Schlachtfeld aus. Den *Suezkrieg* von 1956 verlor ÄGYPTEN, aber aufgrund des internationalen Drängens gab die Regierung *Ben Gurion* die Sinaihalbinsel schließlich wieder zurück. Elf Jahre später kam es zum 3. Israelisch-Arabischen Krieg – dem »Sechstagekrieg«, in dessen Verlauf das israelische Heer seine Schlagkraft unter Beweis stellte. Es schlug neben der *ägyptischen Armee* auch das *syrische Heer* im Norden und das *jordanische* im Osten. Als Folge dieses blitzartigen militärischen Feldzuges fiel der Ostteil JERUSALEMS, in dem sich auch viele Heiligtümer des Judentums befinden, in die Hände der *Israelis*. JERUSALEM, das bis dato ebenso wie BERLIN eine geteilte Stadt gewesen war, gehörte nun ganz zu ISRAEL. Schon wenige Tage nach Kriegsende wehte überall in der wiedervereinigten Stadt der Davidstern, während sich Militärs und Zivilbevölkerung freudetrunken vor der Klagemauer umarmten. Der Siegestaumel und die Illusion, ISRAEL sei unbesiegbar, währte jedoch nur kurze Zeit. Am Tag des Kippur, dem Tag des großen Vergebens, dem einzigen Tag im Jahr, an dem alle Aktivitäten ruhen, gingen am sechsten Oktober 1973 die Heere ÄGYPTENS und SYRIENS zur Offensive über. Unter der Federführung der Supermächte, vor allem

Oben *Nach der Plünderung von Jerusalem im Jahr 70 n. Chr. wurde Bet Shearim Sitz des Hohen Rates und kulturelles Zentrum Palästinas. Durch in den Hang des Hügels gegrabene Zugänge gelangt man zu einem riesigen unterirdischen Friedhof mit über zwanzig Denkmälern.*

Mitte *Das Bodenmosaik von Bet Alfa stammt aus dem sechsten Jahrhundert n. Chr. Es wurde 1928 in der Nähe des gleichnamigen Kibbuz entdeckt und zählt zu den bedeutendsten Belegen für den byzantinischen Synagogenbau.*

Unten *Durch die archäologischen Ausgrabungen in den Katakomben von Bet Shearim wurden die kilometerlangen unterirdischen Stollen und mehrere hundert von dort aufgebahrten Sarkophagen wieder zugänglich gemacht.*

der USA, kam es zu einem Waffenstillstandsabkommen – der Krieg war nicht entschieden. Der Jom-Kippur-Krieg forderte in ISRAEL 6000 Todesopfer; hinzu kamen erneute Zweifel an der Sicherheit des eigenen Landes und die wiederauflebende Furcht vor Vernichtung und Auslöschung. Mit dem Besuch des ägyptischen Staatspräsidenten *Sadat* 1977 in ISRAEL wurde eine Phase der Annäherung der beiden Staaten eingeleitet, die 1979 mit einem Friedensvertrag einen vorläufigen Höhepunkt erreichte. Noch bleiben viele Probleme offen, aber seitdem *Araber, Palästinenser* und *Israelis* Bereitschaft zeigen, sich gemeinsam an einen Verhandlungstisch zu setzen, scheint die Verwirklichung einer weiteren umfassenden Friedenslösung nicht mehr unmöglich.

## DER KIBBUZ

Nur wer die bewegte Geschichte dieser jungen Nation von Grund auf kennt, kann die Ausmaße des israelischen Wirtschaftswunders wirklich begreifen. Kennzeichnend für die israelische Volkswirtschaft ist die enorme Beschleunigung im Fertigungs- und Entwicklungsbereich in den letzten Jahrzehnten. Obwohl das Wachstum immer wieder unter schweren Krisen leiden mußte, stieg die Industrieproduktion in dreißig Jahren um das Dreizehnfache an. Eine rigide Sparpolitik war daher für die ersten Jahre der Unabhängigkeit charakteristisch, dann erst kam es zu regelmäßigen Bilanzverbesserungen, woran auch die Kibbuzim maßgeblich beteiligt waren. Diese sind eine der interessantesten und eigentümlichsten Erscheinungen des modernen Zionismus. Das Wort Kibbuz stammt aus dem Hebräischen und bedeutet »Gruppe«. Die Kibbuzim sind kollektivistische, landwirtschaftliche aber auch industrielle Betriebe, ein Produkt der zionistischen Arbeiterbewegung. Die Kibbuzim schufen mit ihrer Siedlungspolitik wesentliche Voraussetzungen für die Gründung des Staates Israel.

1901 wurde die Einrichtung eines nationalen Fonds für den Erwerb neuer Ländereien in PALÄSTINA angeregt, die zur Pacht vergeben werden sollten. Der Gedanke, Arbeitskommunen zu schaffen, wurde zum ersten Mal 1909 mit der Gründung von DEGANIA (Fiordaliso) verwirklicht, dem ersten Kibbuz auf eigenem Grund und Boden, der sich die Selbstversorgung auf Basis der Landwirtschaft zum Ziel gesetzt hatte. Heute gehört Degania zu den blühendsten Dörfern Israels. Dank dieses Erfolges stieg die Zahl der Kollektive sprunghaft an. Im Jahre 1918 gab es schon über 30 Kibbuzim und drei Jahrzehnte später, kurz vor der Unabhängigkeit, bereits über hundert dieser Gemeinschaften in allen Teilen des Landes. Heute sind es etwa 250 Kibbuzim mit rund 100 000 Menschen. Sie sind relativ wohlhabend und haben sich von Anfang an Pilotprojekten auf dem landwirtschaftlichen und später auch auf dem industriellen Sektor angenommen. Sie mußten in ihrer Vergangenheit jedoch in gleichem Maße befestigte militärische Vorposten sein, die in der Lage waren, bei eventuellen Angriffen Widerstand zu leisten. Diese strategische Aufgabe blieb lange Zeit, eigentlich bis zum Sechstagekrieg, eines ihrer herausragenden Merkmale. Obwohl ursprünglich rein

landwirtschaftliche Einrichtungen, haben sich im Großteil der Kibbuzim auch industrielle und kunsthandwerkliche Aktivitäten entfaltet, die viel zu ihrem Wohlstand beigetragen haben. Wenn sie heute Oasen der wirtschaftlichen Sicherheit sind, liegt das sicherlich nicht zuletzt an der Tatsache, daß sie Veränderungen gegenüber offen waren, auch wenn dies manch schmerzhaften Verzicht bedeutete. So wurde die bezahlte Arbeit wieder eingeführt, und bis heute muß immer häufiger auf arabische Arbeitskräfte zurückgegriffen werden, da Austritte aus der Gemeinschaft keine Seltenheit sind. Heute ist das Leben des Haver, was soviel heißt wie Kamerad, bereichert durch Clubs, Schwimmbäder, Bibliotheken und Museen und hat nicht mehr viel gemein mit der spartanischen Lebensweise der Gründer, auch wenn das Leben im Kibbuz nach wie vor von einer kollektivistischen Moral geprägt ist. Kulturelle Aktivitäten spielen heute im modernen Kibbuz eine wichtige Rolle. Sie reichen von Zeitungen, die in ISRAEL ohnehin einen hohen Stellenwert genießen, Vorträgen, Konzerten und Ausstellungen bis hin zu archäologischen Exkursionen und ökologischen Forschungstätigkeiten. Doch auch auf nationaler Ebene kann man überall Veränderungen feststellen. Nach den heroischen Tagen der Ideologen und der Pioniere, ist nun in ISRAEL, wie anderswo auch, die Zeit der Technokraten und der Planer angebrochen. Dennoch darf man die wirtschaftliche Bedeutung der Kibbuzim nicht aus den Augen verlieren, wenn man bedenkt, daß dort mehr als drei Prozent der Gesamtbevölkerung leben. Der intensive Einsatz der Technik in der Landwirtschaft und der Spitzentechnologie in der industriellen Fertigung sorgten dafür, daß die Gemeinschaften inzwischen eine wirtschaftliche Vorreiterrolle einnehmen. Das größte Verdienst der Kibbuzim bleibt jedoch, daß aus ihnen die sogenannten Kinder des Traumes hervorgegangen sind. Sie sind in einem Land geboren, das ihnen wirklich gehört und können sich zwischen Sonne, Meer und grauen Hügeln heimisch fühlen. Aus dem Zusammenleben vieler ethnischer Gruppen schöpfen sie eine Lebensenergie, die ihre Eltern nie gekannt haben. Ihre trockene und derbe Ausdrucksweise hat nichts mehr zu tun mit dem dezenten Tonfall der Sprachen des Exils, der artigen Zurückhaltung der jüdischen Gestik oder der mühseligen Umständlichkeit einer Sprechweise, die oftmals allzu abstrakt erscheint.

## DIE NEUE SPRACHE – HEBRÄISCH

Die heutigen Kinder Zions sind die ersten, die die Sprache ihrer biblischen Vorfahren gelernt haben. Nachdem die *Juden* aus vielen Ländern in ISRAEL angekommen waren, um wieder ein Vaterland zu haben und um ihren Leidens-

*Akko, am Nordende der Bucht von Haifa gelegen, war in phönizischer und römischer Zeit Handelszentrum, im 13. Jahrhundert Hauptstadt des Königreichs Jerusalem der Kreuzfahrer. Die Stadt präsentiert sich orientalisch mit dem Bazar, der El-Jazzar-Moschee und der türkischen Zitadelle. Aus der Kreuzfahrerzeit haben sich die Krypta der Johanniter und die Säle und Hallen der Ritterorden erhalten. Eine mächtige Festungsmauer umschließt die Stadt.*

weg zu vergessen, bemühten sie sich zuerst darum, ihre alte Sprache neu aufleben zu lassen, die vor fünfundzwanzig Jahrhunderten von den Propheten gesprochen worden war. In der schwierigen Zeit der Diaspora hatte diese Sprache eigentlich nur in Gebeten und Klageliedern fortleben können; sie galt als Sprache der Liturgie und war ansonsten nur ein Studiengegenstand der Gelehrten. Es war eines der Hauptprobleme der Neugründer ISRAELS, eine archaische Sprache für den modernen Alltag anwendbar zu machen, um sie dann einem Volk zu lehren, das selbst deren Grundregeln nicht beherrschte. Heute ist das *Hebräische* neben dem *Englischen* wieder Nationalsprache und wird im Schulunterricht, im Café, im Stadion und im Bereich der Wissenschaft gesprochen. Bis dahin war es allerdings kein leichter Weg, vor allem nicht für die Älteren. So macht immer noch die geistreiche Bemerkung die Runde, ISRAEL sei das einzige Land der Welt, wo die Kinder bisweilen den Eltern das Sprechen beibringen mußten. In dieser jungen Nation, wo man eine jahrtausendealte Sprache spricht, in diesem Durcheinander von Betonungen und besonderen mimischen Ausdrucksweisen, an diesem Schauplatz vieler Heldentaten des jüdischen Volkes, machen sich nun die Jungen daran, mit Akribie ihre eigene Geschichte zu erforschen.

## DIE NATIONALE IDENTITÄT

Gerade die Archäologie hat hier einen viel größeren Stellenwert als irgendwo anders, denn sie dient nicht nur dazu, zu den eigenen Ursprüngen vorzudringen, sondern auch zur Wiederherstellung einer nationalen Identität. Daher ist die Beschäftigung mit historischen Funden zugleich Notwendigkeit und Zeitvertreib, eine Wissenschaft und ein Nationalsport. Auf der Suche nach der eigenen Identität, ist es den Israelis ein Grundbedürfnis, ihre Geschichte zurückzuverfolgen, von den Mauern von TIBERIAS bis zu den Ruinen von AVDAT und von der Totenstadt SANHEDRIA bis zum Amphitheater von CAESAREA. Die Archäologie leistet einen wichtigen Beitrag, um das kulturelle Erbe der jüdischen Heimat lebendig zu bewahren und ist ein Versuch, wieder zu einer eigenständigen Tradition zu finden; sie ist aber auch ein wichtiger Faktor, wenn es darum geht, den Anspruch auf das Land, der schon so oft geltend gemacht wurde, zu rechtfertigen. Daher ist es kein Zufall, daß seit der Unabhängigkeitserklärung von 1948 die Gestaltung aller nationalen Symbole von archäologischen Funden inspiriert wurde, so zum Beispiel das Staatssiegel, das einen siebenarmigen Kerzenleuchter zeigt, oder Münzen, die wegen ihres schönen Designs bei Numismatikern in der ganzen Welt Bekanntheit erlangt haben. Nationale Identität und ein gemeinsames historisches Vermächtnis stellen somit ein grundsätzliches Problem für den Staat dar, der gegründet worden war, um eine demokratische, pluralistische Gesellschaft zu formen, die nicht durch Intoleranz und Verständnislosigkeit angesichts der eigenen kulturellen Wurzeln gefährdet werden sollte. ISRAEL ist gezwungen, sich nach innen ebenso stark zu zeigen, wie nach außen. Nachdem der aus der Diaspora hervorgegangene Mythos der Einigkeit des Judentums gegenüber einer von Grund auf feindlich gesinnten Welt in sich zusammengefallen war, treten heute mehr denn je die Folgen der zweitausend Jahre hervor, in denen die Juden in verschiedenen Ländern gelebt und sich an fremde Kulturen angepaßt hatten. So unterscheiden sich beispielsweise die *sephardischen Juden*, die aus *arabischen* Ländern stammen von den *aschkenasischen* Glaubensbrüdern aus Mittel- und Osteuropa. Ebensowenig gleichen sich *irakische, jemenitische* oder *marokkanische, russische, rumänische* oder *polnische* Juden. Jede dieser Gruppen möchte den kommenden Generationen die altvertraute Art sich zu kleiden, zu kochen, Feste zu feiern, geboren zu werden und zu sterben erhalten und weitervermitteln. Fast könnte man meinen, ISRAEL sei immer noch ein mythisches Gebilde, bestehend aus einer Vielzahl von Namen und Bezeichnungen, aus denen jeder einzelne seine persönliche Wahl treffen muß, um sein ISRAEL zu entdecken. Der *hebräische Name* lautet EREZ ISRAEL, was soviel heißt wie »Land, das Gott Jakob und seinen Nachkommen

*Ashqelon, einst Hauptstadt der Philister, ist heute ein renommierter Badeort im Süden des Landes; in einem Park voller archäologischer Funde kann man auf den Pfaden des alten Ascalona, dem Schauplatz der Liebe zwischen Samson und Delilah, und zahlreichen Überresten aus der römischen Ära wandeln.*

versprach«; der *römische Name*, der von den *Türken, Arabern* und *Engländern* übernommen wurde, ist SYRIA PALÄSTINA, was später zu PALÄSTINA wurde. Daneben existiert noch die christliche Bezeichnung »HEILIGES LAND«. Auf dieselbe Weise kann man zwischen den gängigsten Stereotypen wählen: ISRAEL verkörpert den heldenhaften, bedrängten *David* ebenso wie den bewaffneten, militaristischen *Goliath*. Es ist das heilige Land der Kreuzritter und gleichzeitig das Land der Pioniere, die die Wüste in einen Garten verwandelten. Es gilt als Schauplatz der *Intifada*, der palästinensischen Widerstandsbewegung, oder aber als Judenstaat, der nach achtzehn Jahrhunderten der Fremdherrschaften wieder neu aufgebaut wurde.

## DIE VÖLKER ISRAELS

Läßt man alle Klischees außer acht, bleibt ISRAEL trotzdem ein rätselhafter kleiner Fleck Erde, auf dem mehr als hundert verschiedene ethnische Gruppen zusammenleben. Außer den *Juden* gibt es hier noch *palästinensische, syrische, libanesische Moslems* und die *»masri«* ägyptischen Ursprungs sowie die aus dem IRAK stammenden *»ja'bari«*, die alle zwischen 1922 und 1948 immigriert waren. Daneben sind noch die *Beduinen* aus der Wüste, *Christen* aus aller Welt und alle Konfessionen, von den *abessinischen Kopten* bis zu den *Maroniten,* von den *Armeniern* bis zu den *amerikanischen Mormonen* zu erwähnen. Hinzu kommen noch diejenigen Minderheiten, die sich jeder Anpassung verweigern und in ihren Heimatländern nicht selten verfolgt werden: die Aufzählung erweitert sich also noch um *Kurden, Drusen, Tscherkessen, Karäer, Samaritaner* und sogar um die *vietnamesischen »boat people«.*

Der überwiegende Teil der Bevölkerung ist jedoch *jüdisch,* auch wenn hier noch einmal grundsätzlich zwischen *aschkenasischen* und *sephardischen Juden* unterschieden werden muß. In der Tat hat die Verschiedenheit der elitären, europäischen *Aschkenasim,* die die Nachkommen der zionistischen Wegbereiter sind, von der großen Zahl der entrechteten Klassen, deren Mitglieder aus den moslemischen Ländern einwanderten, weitreichende politische, religiöse und kulturelle Konsequenzen. Mehr als dreißg Jahre lang betrachtete man die *Sephardim* als eine Art »minderwertiges Israel« innerhalb einer modernen, technologisierten und stark nach Westen orientierten Gesellschaft, und ihr für Handwerker typischer atavistischer Individualismus war nicht mit dem kollektivistischen Leben der Kibbuzim in Einklang zu bringen. Der *Jom-Kippur-Krieg* zog den politischen Aufstand des *sephardischen* Teils der Bevölkerung nach sich. Heute ist es fast eine Mode geworden als *Sephardim* aufzutreten; die elegantesten Läden in TEL AVIV, viele kleine Unternehmen und die besten Restaurants des Landes sind in den Händen dieser ethnischen Gruppe, deren Mitglieder inzwischen den führenden sozialen Schichten angehören und wieder mit wachsendem Erfolg ihr Brauchtum pflegen. Ungeachtet dessen gibt es aber noch immer zwei verschiedene Rabbinate und zwei unterschiedliche jüdische Glaubensrichtungen. Doch dank der gemischten Eheschließungen und der wirtschaftlichen Gleichstellung werden die Unterschiede zwischen den beiden Gemeinschaften zunehmend eingeebnet.

Oben *Von Jerusalem bis Tiberias, von Judäa bis zur Wüste Negev bilden beeindruckende Denkmäler das sichtbare Zeugnis der römischen Herrschaft, die im Jahr 65 v. Chr. unter Pompejus begann und erst sieben Jahrhunderte später mit der islamischen Eroberung ihr Ende fand.*

Unten *In der Gegend von Bet-Shean, einer Einwandererstadt, die zwischen dem Jordantal und dem Tal des Jesreel liegt, haben eine Reihe von Ausgrabungen bemerkenswerte Überreste aus römischer Zeit zutage gebracht: ein Amphitheater und einige guterhaltene Säulengänge.*

Auffällig bleibt hingegen die ungeheuere ethnische Vielfalt unter den Juden. In den Straßen von TEL AVIV kann man den aus Osteuropa kommenden *Chassidim* mit ihren langen Mänteln und tristen schwarzen Anzügen ebenso begegnen wie schwarzen *Amerikanern* und *Indern* mit bernsteinfarbener Haut und schließlich den dunkelhäutigen *Jemeniten,* die 1949 mit der Aktion »Fliegender Teppich« in ISRAEL landeten. Für die Zukunft des Staates arbeiten *Iraker* und *Marokkaner, Kurden,* die den arabischen »kefiah« auf dem Kopf tragen, und *Iraner* Seite an Seite. Die schwarzen *Äthiopier,* die *»falascia«* genannt werden und die 1984 dank einer weiteren gewagten Luftbrücke, der sogenannten »Operation Moses«, ins Land immigrieren konnten, sowie die sehr kleine *japanische Gemeinschaft* bilden einen bunten Kontrast zu den Europäern aller Nationen, die nicht selten helle Augen und blondes Haar haben und zu unterschiedlichen Zeiten die Heimat der Väter erreicht hatten. Die Kinder und Enkel dieser Völkergemeinschaft heißen *»sabra«,* was soviel wie Kaktus bedeutet, weil sie als Bürger Israels in der Wüste geboren wurden. Sie machen bereits 60 Prozent der jüdischen Bevölkerung aus und sind ein Spiegel dieses ethnischen Schmelztiegels. Gemeinsam sind diesen Volksgruppen ihre bewegte Vergangenheit und das Bewußtsein, endlich einer einzigen Nation anzugehören. Vor diesem Hintergrund gewinnen die Worte des Universitätsdozenten, Dichters und Sängers *Erez Bitton* eine tiefere Bedeutung und enthalten mehr als nur die einfache Prophezeiung: »Unsere Kinder werden anders aufwachsen. Sie werden nicht mehr Sephardim oder Aschkenasim sein, sondern nur noch Israelis.«

Doch auch in Erwartung einer gerechteren Zukunft bleibt offensichtlich, daß durch die diversen Einwanderungswellen ganze Städte geprägt wurden, in denen jetzt einzelne Gruppen dominieren. In TEL AVIV sind es die *Sephardim,* in JERUSALEM dagegen die *Aschkenasim,* während BEER SHEVA, die Hauptstadt der WÜSTE NEGEV, eine stattliche Anzahl von Juden beherbergt, die in den siebziger Jahren aus der Sowjetunion zugewandert waren. Auch bei den *palästinensischen Arabern* bestehen mehr Unterschiede als Gemeinsamkeiten: *Moslems* und *Christen* leben von den Anhöhen GALILÄAS bis hinunter zur WÜSTE NEGEV, dem Beduinengebiet, eng nebeneinander. Dann sind da noch die Stämme der *Drusen,* bei denen man zwischen den Anhängern Israels, welche meist aus OST-GALILÄA kommen und ihren Militärdienst unter der Flagge mit dem Davidstern ableisten, und den eher Syrien zugeneigten Bewohnern der GOLANHÖHEN differenzieren muß.

## DAS ARABISCHE ISRAEL

Ein weiteres nur schwer lösbares Problem stellt die Unterscheidung zwischen den sogenannten Arabern von 1948 und den Arabern von 1967 dar. Erstere blieben nach der Staatsgründung in ISRAEL; sie sind voll anerkannte israelische Staatsbürger, sie zahlen Steuern, haben einen israelischen Paß und besitzen das Wahlrecht, auch wenn sie nicht

zum Militärdienst eingezogen werden. Sie haben im Bereich der Politik praktisch keinen Einfluß und verfügen über keine eigenen Vertreter in der Regierung. Die *Araber* von 1967 leben seit über zwanzig Jahren in besetzten Gebieten und heizen die politischen Spannungen im Nahen Osten an. Sie sind den harten Bedingungen der Besatzung ausgesetzt, haben keinerlei politische Rechte und sind oft ohne Arbeit: Die Situation gleicht einem Pulverfaß, angefüllt mit ungelösten Problemen, das jederzeit, von einem Augenblick auf den anderen, explodieren kann.

## TEL AVIV

Die Vielfalt ISRAELS zeigt sich jedoch nicht nur in der heterogenen Zusammensetzung seiner Bevölkerung, sondern spiegelt sich auch in dem sichtbaren Kontrast seiner bedeutendsten Städte wider. TEL AVIV, das Paradebeispiel einer zionistischen Stadt, wurde 1909 gegründet, in einer Zeit als die ersten *russischen* und *polnischen Juden* einwanderten und bereits von der Idee beseelt waren, eine Heimat für alle verfolgten Glaubensbrüder aufzubauen. TEL AVIV ist eine ganz junge Metropole, die mit den großen Einwanderungswellen wuchs. Dennoch ist im Stadtzentrum auch noch das Flair der ersten russischen Ansiedlung zu spüren. Zwei- bis dreistöckige Villen mit Bögen und Giebeln, mit vorspringenden Balkonen und gewölbten Dächern prägen das Stadtbild und erinnern an ODESSA und die Städte der südlichen UKRAINE aus dem letzten Jahrhundert. TEL AVIV, die Lokomotive der israelischen Wirtschaft, ist eine Stadt mit zwei Gesichtern. Der erste, augenfälligste Eindruck ist der eines pulsierenden städtischen Zentrums mit breiten Straßen, tosendem Verkehr und zahllosen Geschäften, Kinos, Cafés, Nachtklubs, Museen und Kulturzentren. Das Zentrum TEL AVIVS ist ebenso wie andere große Metropolen hektisch und aufregend. Vom städteplanerischen Blickwinkel aus betrachtet, erscheint die am dichtesten besiedelte Stadt des Landes ungeordnet und chaotisch. TEL AVIV liegt nicht weit vom Meer entfernt, aber die Menschen, die hier wohnen und die Stadt konzipiert und gebaut haben, sind nur wenig mit der See vertraut. Tatsächlich offenbart sich das zweite Gesicht der Stadt an ihrem dreizehn Kilometer langen Strand. Nur wenig weiter im Süden liegt die ursprünglich arabische Hafenstadt JAFFA. JAFFA ist heute mit dem modernen Stadtkern TEL AVIVS zusammengewachsen und hat eine eigene, fremdartige Atmosphäre behalten, obwohl es ein lebhaftes Zentrum für Kunst, Shopping und Amüsement geworden ist. Hier entstand auch ein Künstlerviertel mit Galerien und Läden, die Keramikarbeiten, Skulpturen, Bilder und Teppiche ausstellen. Während das Leben in der Stadt tagsüber von Autoschlangen und Staus bestimmt ist, wird in der Nacht die Seele der jungen Metropole sichtbar. Die Straßen des Zentrums sind dann taghell erleuchtet, und TEL AVIV wird zu

*Für die Juden ist die Religion in allen Bereichen des privaten und öffentlichen Lebens bestimmend. Das Bild zeigt eine Familie, die den Seder, das jüdische Passahfest, feiert.*

einem hemmungslosen, ungezügelten israelischen NEW YORK. Die Rabbiner aus JERUSALEM reagieren empört und fordern vergeblich die Schließung aller öffentlichen Lokale am Sabbat.

## JERUSALEM

JERUSALEM liegt nur 62 Kilometer von TEL AVIV entfernt und ist doch eine ganz andere Welt. Die beiden Städte sind durch eine moderne Schnellstraße, die durch eine grüne Ebene mit blühenden Kibbuzim führt, miteinander verbunden, aber dennoch sind JERUSALEM und TEL AVIV durch historische Abgründe voneinander getrennt. In JERUSALELM gibt es weder Chaos noch Unordnung noch große, ultramoderne Häuserblocks, die schnell und zweckmäßig gebaut wurden, sondern viele weiße Häuser auf begrünten Hügeln mit tiefen Tälern dazwischen. In JERUSALEM sind alle Widersprüchlichkeiten des Landes und gleichzeitig ein Großteil des Konfliktstoffes des Nahen Ostens präsent. Als Hauptstadt des Staates und heilige Stadt der drei Religionen, als ständiger Zankapfel und Sitz Gottes repräsentiert Jerusalem die gesamte israelische Gesellschaft in ihrer Vielschichtigkeit.

Innerhalb der Befestigungsanlagen aus dem sechzehnten Jahrhundert befinden sich die KLAGEMAUER, das HEILIGE GRAB und der EL-AQSA-MOSCHEE, hier werden die bedeutendsten Gottesdienste abgehalten. Durch die Feierlichkeit der Gebete und Riten wird noch mehr als durch die Monumente ersichtlich, wie kompliziert sich hier das Leben gestaltet. Am Freitag bleiben die Geschäfte der *Moslems* in der Altstadt geschlossen, und fast ein Drittel der 350 000 Einwohner JERUSALEMS begeht den allwöchentlichen Feiertag. Die Muezzins laden von den Minaretten aus zum Gebet ein, und auf dem großen Platz vor dem FELSENDOM, wo ein steinerner Fußabdruck *Mohammeds* zu sehen ist, versammeln sich die Gläubigen. Am nächsten Tag, dem Samstag, wird der jüdische Sabbat gefeiert. Schon am frühen Freitagnachmittag beginnt sich die Altstadt zu leeren, und einige alte Stadtviertel, wie zum Beispiel das ultra-orthodoxe MEA-SHEARIM-VIERTEL, werden gesperrt. Am Morgen des Sabbats eilen Gruppen von Gläubigen durch die noch schlafende Stadt zur Klagemauer, dem letzten Rest des von *Titus* zerstörten Tempels und symbolischer Mittelpunkt des gesamten Judentums. Hier beten die Juden unter freiem Himmel. Die meisten von ihnen sind gemäß den strengen Vorschriften der *Aschkenasim* gekleidet und tragen lange schwarze Mäntel sowie den charakteristischen Hut. Den ganzen Tag über bleibt JERUSALEM menschenleer, offensichtlich möchte man ein Gegenbild zum hedonistischen, lauten Sabbat in TEL AVIV schaffen. Am Sonntagmorgen verleiht das Glockenläuten aus der Altstadt BETHLEHEMS diesem Winkel des Nahen Ostens die Atmosphäre einer Krippe. Die KIRCHE DES HEILIGEN GRABES füllt sich mit Gläubigen, die sich in viele Gruppen aufteilen, von denen jede ihrem eigenen Priester folgt: Man sieht *katholische und orthodoxe, koptische* und *protestantische* Geistliche; beeindruckend ist auch die Vielzahl verschiedener Paramente und Kopfbedeckungen. Das gleiche spielt sich auch an jedem anderen heiligen Ort des Christentums im Land ab; egal ob in TIBERIAS oder in NAZARETH oder der Kirche der Geburt in BETHLEHEM, überall wird Zeugnis von Leben und Sterben Christi abgelegt.

Während TEL AVIV eine weltliche, lebhafte und zwanglose Stadt ist, die die Unsicherheiten der Zukunft widerspiegelt, ist JERUSALEM die Stadt der ewigen Sicher-

*In wenig mehr als vierzig Jahren hat der israelische Staat sechs Kriege geführt. Auch wenn es momentan so scheint, als würden alle Möglichkeiten, den Frieden herbeizuführen, ausgeschöpft, hat man doch nicht aufgehört weiterhin aufzurüsten, um vorbereitet zu sein, falls noch einmal der Einsatz von Waffen nötig sein sollte. In einem Land, das von dem Streben nach Sicherheit besessen ist, erscheint es nicht weiter verwunderlich, daß auch Frauen aktiv in der Armee ihren Dienst ableisten.*

heit, der Kraft des Glaubens und der Erinnerung. TEL AVIV und JERUSALEM ergänzen sich gegenseitig und stehen stellvertretend und gemeinsam für die zwei Komponenten, die die Gründung des modernen israelischen Staates erst möglich gemacht haben: zionistische Ideologie und religiöse Tradition. Heutzutage kann jedoch weder die eine noch die andere Stadt mit ihren Eigenheiten allein die Zukunft einer pluralistischen und demokratischen Gesellschaft ausmachen, die verschiedene ethnische Gruppen in sich vereint hat und die die Identität aller Religionen respektiert. Die Zukunft ISRAELS liegt in den Händen der Menschen, die hier leben und arbeiten und wie überall auf der Welt nach Sicherheit und Wohlstand streben. JERUSALEM und TEL AVIV sind in ihrer Verschiedenheit ein Symbol für die menschliche und soziale Wirklichkeit der Nation.

*Die charakteristische grüne Uniform der Tsahal, der israelischen Armee, ist im Straßenbild allgegenwärtig, da jeder Bürger ein beurlaubter Soldat ist, der jederzeit zu den Waffen gerufen werden kann. Das beständige Ineinanderübergehen von Zivilleben und Militärdienst macht aus der Tsahal gewissermaßen ein Volksheer.*

## DAS TOTE MEER

Dieses einzigartige, äußerst salzhaltige Binnenmeer bildet mit 78 Kilometern Länge und 18 Kilometern Breite die Grenze zwischen ISRAEL und JORDANIEN, es läßt einen an eine Mondlandschaft und an eine glorreiche Geschichte denken und ist ein Zeugnis der Geschichte des jüdischen Volkes, von den Zeiten *Abrahams* bis zu den Tagen der Kibbuzim. Das TOTE MEER ist ein beliebtes und geeignetes Gebiet für naturwissenschaftliche und archäologische Exkursionen; dieses unbeschreiblich spiegelnde Gewässer ist ein Muß für Touristen und gleichzeitig ein einzigartiges natürliches Mineralienbecken; denn die ungewöhnlichen atmosphärischen Bedingungen, die in dieser Region herrschen, haben daraus einen Ort in der Wüste mit einem außergewöhnlichen Klima gemacht. Deshalb trifft auch der Name TOTES MEER zu: Dieser niedrigste Punkt der Erdoberfläche liegt 398 Meter unter dem Meeresspiegel und zeichnet sich dadurch aus, daß hier keinerlei Tiere oder Pflanzen existieren. Das TOTE MEER hat einen Salzgehalt von 25 Prozent und verdunstet zwischen zwei und 25 Millimeter täglich; diese sehr starke Verdampfung sorgt für den hohen Salzgehalt und ist auch der Grund dafür, daß es im TOTEN MEER weder Vegetation noch Fische gibt. Über weite Küstenabschnitte hinweg, dort wo die Strande unbewacht sind, ist es verboten zu baden. Es ist sehr gefährlich, weit vom Ufer wegzuschwimmen: Die hohe Wasserdichte drückt die Füße an die Wasseroberfläche, während die Gefahr besteht, daß der Kopf untertaucht; wird dabei versehentlich Meerwasser verschluckt, kann dies zu ernsthaften Erkrankungen führen. Dagegen kann man sich überall bedenkenlos sonnen, da die besondere Atmosphäre die kürzesten ultravioletten Strahlen herausfiltert. Die Luft ist schwül, und der Horizont wirkt, als würde er unter einer Kuppel der Stille erdrückt.

Man kann jedoch nicht in Worte fassen, warum die Trostlosigkeit hier zu einer absoluten, reinen Poesie wird. Das TOTE MEER erscheint aus der Ferne glatt, hell und ruhig, umgeben von Felsen, die von der Sonne kalziniert wurden, und der Eindruck einer rauhen Wirklichkeit verflüchtigt sich. Das Gewässer erscheint schließlich wie eine surreale, grenzenlose Szenerie, die von *Cocteau* geschaffen sein könnte. Doch noch ehe man schwermütig wird, wird einem klar, daß es nur wenige Orte auf der Welt gibt, wo die geographischen Charakteristika auf so deutliche Art und Weise Gestalt annehmen, als ob sie aus dem Atlas heraustRäten, um zu realen Gebirgen, Ebenen, Flüssen und Grenzen zu werden, die sich dem bloßen Auge darbieten.

Von der Anhöhe NABI MUSA aus, wo sich , wie die islamische Tradition überliefert, das *Grab Moses* in der alten Moschee von BERBAS befindet, sieht man JORDANIEN, PALÄSTINA und ISRAEL; man kann auch die quadratischen Felder der Anbaugebiete im TAL DES JORDAN erkennen. Der Flußlauf ist von dichtem grünen Buschwerk umsäumt und wird wenige Meter vor dem TOTEN MEER fast unterbrochen, da hellgelbe, trockene Sandmassen den Fluß zuschütten. Der diesige Horizont verliert sich zur Wüste Negev hin, die den gesamten südlichen Teil des Landes einnimmt. Hier gibt es nur noch eine einzige Stadt, BEER SHEVA, wo noch immer viele Nomadenstämme und arabische Beduinen leben. Nur wenig von der Jordanmündung entfernt liegen die Höhlen von Qumran, wo die berühmten *»Handschriften vom Toten Meer«* entdeckt wurden und wo die *Essener*, eine religiöse Sekte mit strengen Regeln, lebten, deren Mitglieder sich zusammenfanden, um das göttliche Gesetz zu studieren.

## EN GEDI

EN GEDI, etwa auf halber Höhe der langen Küstenstraße entlang des TOTEN MEERES, ist ein Kibbuz. Die Entscheidung, hier zu leben, erfordert noch immer ein bißchen den schwärmerischen und entschlossenen Mut, den man einst den Propheten zuschrieb. Der Kibbuz wurde 1956 gegründet und war ursprünglich ein militärischer Vorposten, der die gemeinsame Grenze mit JORDANIEN schützen sollte. Er zählt 200 Mitglieder und hat Unterkünfte für weitere 400 Gäste, Besucher und Touristen. Es ist eine grüne, weitläufige und leistungsfähige Anlage, die mit Schwimmbad, Turnhalle und sogar einem Theater ausgestattet ist. Die umliegende Oase wurde zum Naturschutzgebiet erklärt. Eine ungewöhnliche Pflanzenvielfalt ist hier zu bewundern, es gibt sowohl Wasser- als auch Wüstengewächse und sogar einige tropische Arten. EN GEDI verdankt seine Schönheit auch vielen Quellen und Wasserfällen. Hier treffen verschiedene afrikanische und asiatische Klimafaktoren und Landschaftsformen aufeinander. Schon das Hohelied pries die Vorzüge dieser Oase mitten in der Wüste, diese Insel idyllischer Heiterkeit und angenehmer Kühle. Das TOTE MEER ist kein irdisches Paradies, aber dank der Beharrlichkeit der Menschen scheint es möglich zu sein, etwas zu schaffen, das ganz nah an die Vorstellungen, die wir vom Garten Eden haben, heranreicht. Wenige Meter jenseits der Treibhäuser und Beete, die während der 360 Tage im Jahr, an denen es nicht regnet, unermüdlich gegossen werden, öffnen sich die Grenzen des Kibbuz jedoch dem Nichts: Hier und da gibt es eine Thermalanlage, Brunnen oder Leitungen, die das Wasser aus den schwefelhaltigen Quellen sammeln, und außerdem ist hier noch der lange Kanal, der vom TOTEN MEER gegraben wurde, um das Wasser in die südliche Richtung ablaufen zu lassen, mit dem Ziel, zu verhindern, daß das Becken im Süden völlig austrocknet und nur Felsen und Salz übrigbleiben. Alles in allem ist auch EN GEDI ein Ort, der von der Mühe des Lebens in der Wüste gekennzeichnet ist, aber jeder Einwohner dieses rührigen Kibbuz könnte ohne zu zögern die Gründe für seine Entscheidung, ein so entbehrungsreiches Leben zu führen, nennen. Viele sehen es in erster Linie als eine Bürgerpflicht, denn der Staat benötigte eine feste Ansiedlung an einer der brisantesten Zonen innerhalb seiner Grenzen. Zum zweiten erscheint jedem Bewohner des Kibbuz die Oase mit ihrer zauberhaften und geheimnisvollen Natur, eingerahmt von Gebirge und Meer, als einer der schönsten Plätze der Erde, auch wenn auf dem harten Gestein kein

Oben *Das besonders günstige Zusammenspiel von Klima und geologischen Gegebenheiten, die hohe Luftfeuchtigkeit, die von der Niederung herrührt, sowie das beständige Wetter schaffen für den Akkerbau im Jordantal besonders gute Bedingungen.*
Unten *Neben dem Anbau von Bananen in den Plantagen des Kibbuz von Degania in der Umgebung von Tiberias gedeihen in dieser Gegend auch Datteln, Feigen, Pampelmusen, Mangos und Papayas.*

Grashalm wächst, und der Salzgehalt des Meeres so hoch ist, daß von Wasser kaum mehr die Rede sein kann. Das TOTE MEER strahlt die Ruhe vergangener Zeiten aus, und die Menschen aus der Stadt kommen mit dem Bedürfnis, sich selbst zu finden, hierher. Das TOTE MEER war schon immer ein Welttheater der großen Gefühle, schon zu biblischen Zeiten hatte es einen sagenumwobenen Ruf. In der Schöpfungsgeschichte wird erzählt, SODOM, eine kleine aber sündige Stadt an der Südküste, ist nach vergeblichen Versuchen, ihre Schuld abzubüßen, vom göttlichen Zorn hinweggefegt worden. Noch heute scheint die rauhe Landschaft, in der die Überreste SODOMS liegen, von dem Schwefelregen und dem Feuer geprägt zu sein.

Oben *Die Verarbeitung von Diamanten, die im modernen jüdischen Staat durch die Einwanderer aus Belgien und Holland eingeführt wurde, hat sich so weit entwickelt, daß Israel seit 1974 weltweit die meisten geschliffenen Diamanten exportiert.*
Unten *Israel hat kaum Rohstoffe, aber es ist dem Staat gelungen, diese Mängel auszugleichen, indem eine zukunftsweisende Technologie auf dem industriellen ebenso wie auf dem wissenschaftlichen Sektor entwickelt wurde. Die Abbildung zeigt die Solaranlage des Weitzmann-Institutes in Rehovot.*

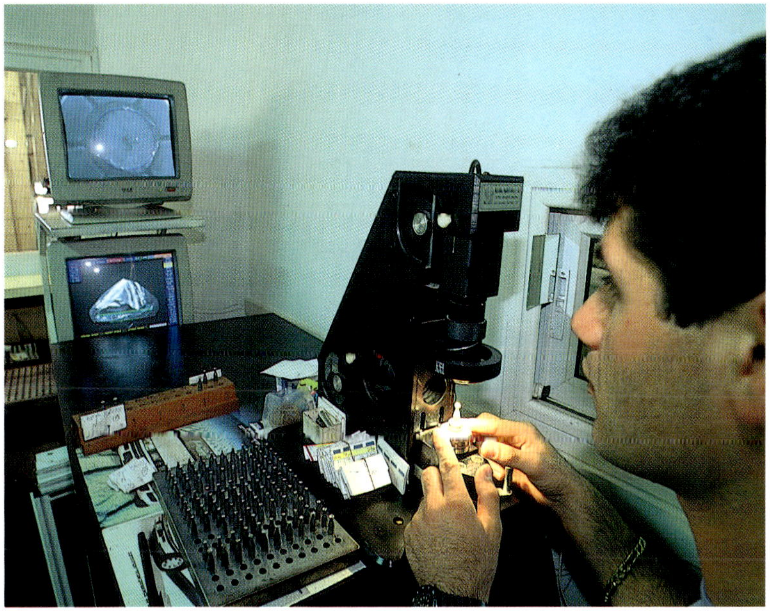

## MASADA

Um 70 vor Christus verbarrikadierten sich an die tausend *zelotische Juden*, die sich gegen die Römerherrschaft auflehnten, im Fort von MASADA, das vom TOTEN MEER aus etwa vierhundert Meter in die Wüste hineinragt und als eine uneinnehmbare Festung gebaut ist. Wie ein erhabenes Bollwerk gegenüber den Angriffsversuchen von Wind, Wüste und Mensch zeichnet sich die Festung ab. Drei Jahre wurde MASADA belagert. Es war umgeben von acht Feldlagern römischer Soldaten und Tausender gefangener Sklaven, die der Zehnten Legion und dem Befehl des Stadthalters von Judäa, *Flavio Silva,* unterstanden. Zwar war JERUSALEM bereits gefallen, und der TEMPEL SALOMONS lag schon zum zweiten Male in Schutt und Asche, doch MASADA leistete nach wie vor Widerstand. Die Belagerung dauerte lange, und es war ein zermürbender Krieg ohne Aussichten auf den Sieg, bis zu dem Zeitpunkt, als *Flavio Silva* eine noch heute sichtbare, kolossale Rampe errichten ließ, um die Befestigungsanlage angreifen zu können. Als die *Zeloten* ihr Ende gekommen sahen, bestimmten sie durch das Los eine Gruppe von Männern, die die anderen noch vor dem Herannahen der *Römer* töten sollten, bis sich schließlich der letzte Überlebende mit dem Schwert das Leben nahm. Nur die Nahrungsvorräte blieben unangetastet, um zu beweisen, daß die Belagerten nicht etwa vor Hunger in den Tod gingen, sondern getreu ihrem Eid den Tod der Sklaverei vorzogen. Noch heute leisten die Rekruten des israelischen Heeres ihren Eid auf den Ruinen der Festung und rufen dabei: »Masada wird kein zweites Mal fallen.« Das Gedenken an diese Episode ihrer Geschichte soll den Israelis zumindest teilweise über die Erinnerung an Jahrhunderte der Demütigung und der Verfolgung hinweghelfen. Wer wirklich die neue Nation ISRAEL kennenlernen will, muß sie im Mythos MASADA suchen.

»Werden wir denn immer gezwungen sein zu kämpfen?«, fragte sich der alte *Ben Gurion* entmutigt und gab damit einem der quälendsten Zweifel Ausdruck, die die israelische Gesellschaft beunruhigen. Nach sechs Kriegen seit 1948 wartet ISRAEL heute darauf, daß endlich die Stunde des endgültigen Friedens mit den arabischen Nachbarn schlägt. Von November 1977 an, als der ägyptische Präsident *Anwar el Sadat* zu seinem historischen Besuch nach Jerusalem kam, loten Politiker und Diplomaten jede Möglichkeit einer Friedenslösung für den Nahen Osten aus. Die Rückgabe der Sinaihalbinsel an ÄGYPTEN erfolgte wie vereinbart am 25. April 1982 unter der Aufsicht einer multinationalen Streitmacht. Der Gesprächsfaden ist seither nicht abgerissen, trotz des israelischen Einmarsches in den LIBANON im darauffolgenden Juni, trotz der *Intifada,* trotz des irakischen Raketenbeschusses während des *Golfkrieges* und trotz des Problems der besetzten Gebiete und der palästinensischen Autonomie. Kein Krieg dauert ewig. Die Hoffnung aller ist, daß sich die Feinde von heute schon in naher Zukunft die Hand reichen können. Es ist nicht nur wichtig, daß MASADA kein zweites Mal fällt, man muß auch dafür sorgen, daß es kein weiteres MASADA geben wird, weder auf der einen noch auf der anderen Seite. In einem Land, in dem nur derjenige Realist ist, der auf Wunder hofft, ist es eine Pflicht, an den Frieden zu glauben.

*Die moderne Architektur des erst vor kurzem fertiggestellten Handels- und Tourismuszentrums Kikar Atarim prägt das heutige Gesicht von Tel Aviv.*

# DAS GOLDENE JERUSALEM

Die goldene Stadt, die ewige Stadt, die Stadt Davids: Schon seit jeher treffen in Jerusalem Orient und Okzident, verschiedene Weltanschauungen und Völker aufeinander. Die bedeutendsten heiligen Stätten der drei großen monotheistischen Religionen befinden sich alle auf engem Raum, jeweils nur wenige hundert Meter voneinander entfernt; die Klagemauer, der Felsendom und das Heilige Grab. In Jerusalem, das ein lebendiges Zeugnis der Geschichte der modernen Zivilisation darstellt, begegnet man einem eigentümlichen Mosaik verschiedener Kulturen. Das wird umso deutlicher, wenn man bedenkt, wie unterschiedlich die Abstammung der verschiedenen Bevölkerungsgruppen ist. Das Zusammenleben von Juden, Arabern, Moslems, Christen und Drusen kommt einem schwierigen Balanceakt gleich, der paradoxerweise nur dadurch gelingen kann, daß jede Gruppe die Möglichkeit hat, ihre eigene Identität zu wahren.

*Die verblüffende Verbindung von Antikem und Modernem, von Traditionsbewußtsein und Zukunftsorientiertheit spiegelt sich auch im Stadtbild wider, wo historische Denkmäler neben Bauten des Technologiezeitalters stehen und somit ein äußerst interessantes und reichhaltiges Panorama der Stadt entstehen lassen.*

Oben *An den Hängen des Berges von Gethsemane befinden sich nur wenig voneinander entfernt die 1924 errichtete »Kirche aller Nationen« und die orthodoxe Kirche der Heiligen Maria Magdalena mit den charakteristischen Kuppeln im russischen Stil.*

Unten *In den letzten Jahren sind auf den Hügeln, die den alten Stadtkern umgeben, eine Unzahl von Neubauten entstanden, die einen bemerkenswerten Kontrast zu den eher schlichten Wohnanlagen der Vergangenheit darstellen.*

Rechts *Im Panorama der östlichen Stadtviertel fällt besonders ein quadratisches Gebiet auf, das die Moslems »edles Heiligtum« nennen und das zugleich ein sakraler Ort des Islam und des Judaismus ist. Hier befinden sich die Reste der Tempelmauern und die Festung, von der aus Mohammed zum Himmel auffuhr.*

*Jerusalem hat blutige Kämpfe erlebt und wurde aufgrund politischer, religiöser und wirtschaftlicher Interessen geteilt, doch konnte die für die Stadt typische Vielschichtigkeit und Heiligkeit dadurch nie zerstört werden.*

*Niedrige Häuser und enge Gassen bestimmen das Stadtbild; in enger Nachbarschaft mit jahrhundertealten Gebäuden sind die Tempel der drei großen monotheistischen Religionen entstanden.*

»Ein rüstiger Fußgänger könnte vor die Mauern Jerusalems hinaustreten und in einer Stunde die ganze Stadt umwandern. Ich weiß nicht, wie ich sonst verständlich machen soll, wie klein sie ist. Das Erscheinungsbild der Stadt ist eigentümlich. Sie ist von den zahllosen kleinen Kuppeln an ihrer Oberfläche so gebuckelt wie eine Gefängnistür von Bolzenköpfen. Jedes Haus hat eine bis ein halbes Dutzend dieser weißgetünchten Steinkuppeln, die breit und niedrig in der Mitte oder in einer Gruppe auf dem flachen Dach hocken. Die Gleichförmigkeit des Anblicks wird nur durch die große Omarmoschee, den Turm Hippicus und ein oder zwei andere Gebäude unterbrochen, die sich zu beherrschender Höhe erheben und aus dem Häusermeer herausragen.«

*Mark Twain (1867)*

*Jerusalem fasziniert durch seine Zeitlosigkeit; noch immer betrachten viele die ewige Stadt als das eigentliche Zentrum des Universums. Jerusalem liegt in den Tälern und auf den Hängen sanfter Hügel und ist in geographischer Hinsicht eine geteilte Metropole. Gleichzeitig ist es vom geistigen Blickwinkel aus betrachtet eine geeinte und unteilbare Stadt. Dreitausend Jahre nach seiner Gründung vermag Jerusalem wie nur wenige andere Orte den Geist zu inspirieren und die Vorstellungskraft der Besucher anzuregen.*

S. 36/37 *Nach der Wiedervereinigung im Jahr 1967 und mit dem darauffolgenden Bevölkerungszuwachs breitete sich Jerusalem immer weiter zur Wüste Judäa hin aus, wobei neue Satellitenstädte entstanden. Heute liegt die Einwohnerzahl etwa bei vierhunderttausend.*

# Die Spur des Islam

Die zwischen 688 und 691 vom Kalifen Abd al-Malik errichtete Omar-Moschee, auch unter dem Namen Felsendom bekannt, ist wegen der Himmelsreise, die Mohammed nachts von hier aus Jerusalem unternahm, eine der heiligsten Stätten des Islam. Unter der vergoldeten, leuchtenden Kuppel befindet sich im Inneren der Fels des Abraham, auf dem ein Fußabdruck die Stelle zeigt, von der aus der Prophet in den Himmel aufstieg. Die Omar-Moschee erstrahlt im Glanz ihrer goldenen Kuppel und der Keramikarbeiten, es ist ein authentisches Meisterwerk islamischer Kunst: Paneele reich verzierter Majolika und Bänder mit Koraninschriften schmükken den oberen Teil des Bauwerkes, während Marmorfliesen in zarten Pastelltönen den Boden zieren.

S. 40/41 *Rund um den Felsendom ragen andere islamische Bauten aus verschiedenen Epochen in den Himmel. Der Kettendom ist eine Miniaturkopie des Felsendoms, der Qait-Bey-Brunnen ist ein kleiner achteckiger Bau, der auf das fünfzehnte Jahrhundert zurückgeht, während es sich bei dem Kadi Burhan ed-Din um eine elegante, zierlich gebaute Kanzel handelt, wie man auf dem oberen Teil der Abbildung erkennen kann.*

# Das andere Zion

Die heftig umkämpfte Heilige Stadt der drei Religionen blieb bis 1967 geteilt. Jerusalem ist ein Ort, an dem sich das Zusammenleben sicherlich schwierig gestaltet, doch gibt es in dieser Stadt auch beispielhafte Formen sozialer Anpassung, die von dem gemeinsamen Wunsch nach Beständigkeit und gegenseitigem Respekt herrühren. Im dicht bevölkerten arabischen Viertel, in das man durch das Damaskus-Tor gelangt, vermischen sich in pittoresker Unordnung die verschiedenen Komponenten der islamischen Welt. Außer den Palästinensern leben hier ägyptische »masri« und »J'abari« irakischer, libanesischer, syrischer und beduinischer Abstammung. Sie alle unterstehen dem Mufti, der obersten religiösen Autorität.

Jaffa
Jaffa

Auch in Jerusalem stehen die Märkte im Mittelpunkt des alltäglichen Lebens: Mahane Yehuda in der Neustadt wird ausschließlich von Juden besucht, während in den »souks« in der Altstadt die Araber in der Mehrzahl sind. Am faszinierendsten ist sicherlich der alte Basar in der Nähe des Jaffa-Tores. Hier gibt es eine Unmenge von kleinen Läden: Neben dem Eingang hängen bunte Teppiche und Stoffe. Im Inneren wird wertvolles Kunsthandwerk kunterbunt gemischt mit einfacher Trödelware angeboten. Noch typischer und origineller sind die Gewürzhandlungen, in denen sehr dekorativ die mit Mehl und Samenkörnern bis zum Rand gefüllten Säcke aufgereiht sind.

# Das biblische Volk

Für die Juden ist die wichtigste Formel ihres Glaubensbekenntnisses seit frühester Zeit unverändert geblieben: »Höre Israel, der Ewige ist unser Gott, der Ewige ist der Einzige.« Der Judaismus ist gleichzeitig Kult, Theologie, Glaube und Lehre, aber vor allem eine Form des Handelns, die die Juden dazu anhält, ihrem Glauben auch im Alltag Ausdruck zu verleihen. Auch heute bleibt der wertvollste Reiseführer, um das Land zu verstehen, die Bibel, ein dreitausend Jahre altes Buch, in dem ein ganzes Volk seine Wurzeln sieht. Für die religiösen Israeli ist die Offenbarung der einzig gültige Wertmaßstab, für die Laizisten ist es die Sage des Judaismus und die damit zusammenhängende Mythologie; sowohl für die einen, wie auch für die anderen, enthält die Bibel alles, was ihnen nützlich erscheint. Daher befindet sich auch direkt gegenüber dem Parlament ein Heiligtum, das ein wesentlicher Bestandteil des Israelischen Nationalmuseums ist und »Schrein des Buches« heißt. Hier befinden sich die 1947 entdeckten »Handschriften vom Toten Meer«, die ohne Zweifel den bedeutendsten archäologischen Fund in der Geschichte Israels darstellen. Herausragend ist dabei das vollständige Manuskript des Buches von Jesaja, das dazu beigetragen hat, die Glaubhaftigkeit der Bibel zu bekräftigen.

*Rund um die Kuppel, die den »Schrein des Buches« überragt, befinden sich Skulpturen von Henry Moore, Lipschitz, Rodin und anderen modernen Künstlern.*

S. 48/49 *Auf den Friedhöfen, die sich über die Hänge des Ölbergs hinziehen, liegen Tausende von Juden begraben, denn hier wird laut dem Propheten die Auferstehung von den Toten stattfinden. Die Steinchen auf den Grabsteinen, die aufgrund eines jüdischen Gesetzes niemals entfernt werden dürfen, weisen auf die häufigen Besuche der Trauernden hin.*

חיה ליין

# Um nicht zu vergessen

Die Wallfahrtsstätte von Yad Vashem, der Tempel der Erinnerung, Andenken eines ganzen Volkes, ragt erhaben und still über dem Berg der Erinnerung und ist den Millionen von Juden, die durch die Nationalsozialisten hingerichtet wurden, gewidmet. Auf einer dreißig Meter hohen Säule vor dem Gebäude steht »Zkor«, erinnere dich, geschrieben. Im Inneren befindet sich eine Dokumentation und eine erschütternde Ausstellung, die die Geschichte der antisemitischen Verfolgungen von 1933 bis 1945 nachzeichnet. Unter einer niedrigen Zementdecke erstreckt sich ein Fußboden, auf dem sich nur die Inschriften der Namen der einundzwanzig größten Vernichtungslager befinden. Im Rahmen einer kurzen Zeremonie wird jeden Morgen um elf Uhr eine Flamme entzündet. Yad Vashem ist ein beklemmendes Mahnmal in einer Welt, »die eine Wiederholung der Katastrophe zuläßt«.

Wir schaufeln ein Grab in den
Lüften da liegt man nicht eng.
Ein Mann wohnt im Haus der spielt
mit den Schlangen der schreibt
der schreibt wenn es dunkelt nach
Deutschland dein goldenes Haar
Margarete
er schreibt es und tritt vor das Haus
und es blitzen die Sterne er pfeift
seine Rüden herbei
er pfeift seine Juden hervor läßt
schaufeln ein Grab in der Erde
er befiehlt uns spielt auf nun zum
Tanz

*Paul Celan (1920–1970)*

# Die Klagemauer – Spiegel der Seele

Zu den Füßen des Felsendomes und der El-Aqsa-Moschee ragt das imposante Kotel Maarvi, die Klagemauer empor; es ist ein riesiges Monument und trug ursprünglich das Fundament des Salomon-Tempels. Kein anderer Ort auf der Welt wird vom jüdischen Volk mehr verehrt. Seit der Zeit der römischen Besatzung, der dann 70 nach Christus die Diaspora der Juden folgte, kamen die Kinder Israels hierher um zu beten und um den Schmerz über den Verfall des Sitzes Gottes auszudrücken. Als Jerusalem 1967 wiedervereinigt wurde riß man die alten Bauten, in denen Teile der Klagemauer standen, ein und schuf einen weiten Platz, der Hunderte von Gläubigen, die hier täglich zusammenkommen, aufnehmen kann. Heute ist dieser Ort eine Synagoge unter freiem Himmel, wo die Männer mit einer Kopfbedeckung erscheinen müssen. Da die jüdische Religion ein nebeneinander von Männern und Frauen während des Gottesdienstes nicht billigt, wurde die Mauer in zwei Abschnitte geteilt.

S. 54/55 *Die Abbildung zeigt einen Jungen bei der Lektüre der Gesetzesrollen während der Zeremonie von Bar Mitzavà, die vor der Klagemauer stattfindet. Für die jüdischen Knaben entspricht dieser Augenblick der Einsegnung und bedeutet die offizielle Aufnahme in die Welt der Erwachsenen.*

# Ein Leben im Zeichen der Tradition

Zwar sind die Juden durch den gemeinsamen Glauben an die Thora (die ersten fünf Bücher der Bibel) vereint, aber sie unterscheiden sich doch beachtlich durch Herkunft und Gebräuche. Es gibt sowohl liberal, als auch nationalistisch, konservativ oder traditionalistisch gesinnte Juden. Besonders zahlreich sind immer noch die streng orthodoxen Juden. Diese Männer und Frauen praktizieren für sich, heute, an der Schwelle zum einundzwanzigsten Jahrhundert, ihren Glauben nach Regeln, nach denen in biblischen

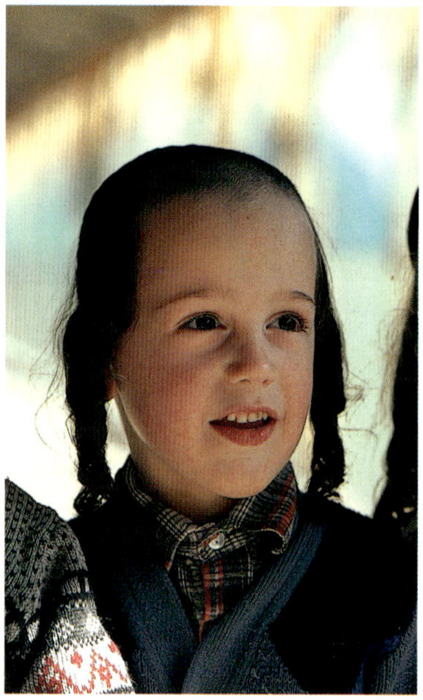

Zeiten die Pharisäer lebten. Damals wie heute folgen die Mitglieder der orthodoxen Gemeinde gewissenhaft dem Gesetz des Talmuds, einer Sammlung von Kommentaren und Gesetzen, die seit dem 5. Jahrhundert vor Christus von Generation zu Generation überliefert wurde, konzentrieren sich ganz auf das Studium der Schriften und das Gebet und verschließen sich vor den Versuchungen der modernen Welt, vor Reichtum und jeder Art von Prahlerei. Starrköpfig und in einem gewissen Sinne auch ohne Bezug zur Realität, erkennen einige von ihnen nicht einmal den neuen Staat Israel an, da für seine Gründung nicht die Ankunft des Messias abgewartet wurde. Vor der Mauer des Tempels beweinen sie tatsächlich den Verfall Zions. Sie haben sich, seit sie aus Europa eingewandert sind, nicht verändert. Die Männer tragen lange schwarze Mäntel und haben breitkrempige Hüte, unter denen ihre Locken hervorquellen. Die Frauen sind sehr schlicht gekleidet, den Kindern hingegen ist es erlaubt, buntere und fröhlichere Kleidung anzuziehen: Ihre Aufgabe ist es, in den Talmudschulen die Heilige Schrift zu studieren, um den orthodoxen Glauben weiterzuführen. Unter den Talmudschulen gilt die Tora Shomei Hachomot-Schule als eine der strengsten in der Vorbereitung der Jungen auf ein Leben, das auf das Studium der Schriften ausgerichtet ist.

# Mea Shearim – eine Enklave nicht aus dieser Zeit

*Im Stadtteil Mea Shearim lebt eine große orthodoxe Gemeinde. Eigens dafür angebrachte Schilder bitten hier die Besucher um eine angemessene Kleidung und die Würdigung des heiligen Sabbats. Die Einwohner von Mea Shearim kapseln sich von der heutigen Welt und ihren Lebensregeln ab und ziehen es vor, den göttlichen Geboten im Wortsinn zu folgen. Das intensive Studium der Schriften garantiert ein Fortbestehen der Tradition.*

# Die Stätten Heilsgeschichte

Links oben *Eine schwarze Kuppel erhebt sich über dem Heiligen Grab.*
Links unten *Die Via Dolorosa beginnt vor den Toren der Kapelle der Geißelung.*
Rechts oben *Eine katholische Prozession zieht am Karfreitag die Via Dolorosa entlang.*
Rechts unten *Ganz in der Nähe des Heiligen Grabes feiern die Griechisch-Orthodoxen den Palmsonntag mit einer Prozession.*
S. 61 *Am Karfreitag führt die Prozession der Gläubigen durch die Straßen der Altstadt.*

Die Grabeskirche steht auf einem Platz, der schon seit Jahrhunderten von großer Wichtigkeit für den christlichen Glauben ist und der heute eines der wichtigsten Ziele für Pilger darstellt. An dem Ort, wo Golgatha ausgemacht wurde, ließ Kaiser Konstantin eine riesige und prächtige Basilika errichten, die als Rundbau angelegt wurde, um das Grab Jesu umschließen zu können. Diese Kirche war einst die schönste und prunkvollste Jerusalems; im Jahr 614 wurde sie von den persischen Invasoren zerstört. Danach wurde sie mehrmals wiederaufgebaut und vergrößert, doch ihr jetziger Zustand kommt dem zur Zeit der Kreuzzüge am nächsten. Im Inneren befindet sich über dem Grab Christi ein Rondell und nicht weit davon entfernt eine Kapelle, an dem Ort, wo Maria der Auferstehung Christi gewahr wurde. Aus architektonischer Sicht erscheint die Kirche wenig einheitlich, wird sie doch von den Franziskanern verwaltet, die häufig in Konflikt mit den Griechisch-Orthodoxen, den Kopten und den Armeniern geraten. Jede der verschiedenen christlichen Gemeinden hat eigene Kapellen und Altäre. Die Gottesdienste werden zu unterschiedlichen, genau festgelegten Zeiten abgehalten; darüber hinaus ist jede Konfession für die Restaurierung des eigenen Abschnitts in der Kirche zuständig. Die düstere Atmosphäre, der Geruch der Kerzen, das gedämpfte Licht und das Murmeln der Gottesdiener in mehreren Sprachen tragen dazu bei, daß die Basilika des Heiligen Grabes auf den ersten Blick fast beängstigend wirkt. Doch läßt man diesen ersten Eindruck außer acht, erstrahlt die Kirche in einem unvergleichlichen Glanz, dem sich der Besucher nicht entziehen kann.

»Wenn man das Bauwerk betritt, mitten durch die übliche Ansammlung von Bettlern hindurch, sieht man zur Linken ein paar türkische Wachen – denn die Christen der verschiedenen Sekten pflegen sich an diesem geheiligten Ort nicht nur zu streiten, sondern auch zu prügeln, wenn man sie läßt.«

*Mark Twain (1867)*

S. 64 und 65 unten *Die Kathedrale des heiligen Jakob im Herzen der Altstadt ist der armenischen Liturgie geweiht. Die Armenier, die im Jahr 303 zum Christentum konvertierten und im Heiligen Land zusammen mit den Katholiken und den Orthodoxen das Heilige Grab behüten, beten zu dem Heiligen, der an der Spitze der ersten jüdisch-christlichen Gemeinde Jerusalems stand. Die spitzen Kappen der armenischen Prälaten symbolisieren nach alter Tradition den Berg Ararat.*

S. 65 oben *Die Kirche der heiligen Maria Magdalena repräsentiert die russisch-orthodoxe Konfession. Sie wurde zwischen 1885 und 1888 nach dem Willen von Zar Alexander III. zur Erinnerung an seine Ehefrau Maria gebaut. Unter den christlichen Glaubensgemeinschaften gibt sich die*

*russische im Gegensatz zu anderen, die sich gegenseitig die heiligen Stätten streitig machen, eher zurückhaltend.*
S. 66/67 *Die morgendliche Stille während des Frühstücks im Refektorium der Kirche der heiligen Maria wird nur von der Lesung des Evangeliums unterbrochen. Eine Gruppe von russisch-orthodoxen Nonnen kümmert sich um die Kirche und die umliegenden Felder.*

S. 68/69 *Heilige Stadt der Juden, Christen und Muselmanen, Wallfahrtsstätte und Schmelztiegel: Gerade aus dieser verwirrenden Vielfalt heraus ist der Wunsch nach Beständigkeit geboren, auf daß Jerusalem nicht nur eine lebenswerte Stadt für ihre Menschen, sondern auch geistiges Zentrum bleiben möge.*

# LANDSCHAFTEN DER GESCHICHTE

Das Land ist klein und die Entfernungen sind gering. Das bedeutet, daß es eigentlich keine historische, archäologische oder touristische Sehenswürdigkeiten gibt, die man nicht von Tel Aviv oder Jerusalem aus während eines Tagesausfluges besichtigen könnte. Doch trotz der territorialen Enge ist Israel ein Land, dessen historische und geographische Ausmaße erst zu begreifen sind, wenn man in größeren geschichtlichen Dimensionen denkt. Die greifbaren Zeichen einer über tausendjährigen wechselvollen Geschichte sind überall präsent.

Ebenso vielfältig wie seine Menschen und seine Landschaften ist auch das Klima Israels. So wechseln sich ausgesprochen trockene Gebiete schon nach wenigen Kilometern mit gemäßigteren Temperaturzonen ab. An der Küste herrscht ein eher trockenes Klima vor, von April bis Ende November ist es sehr warm. In den heißesten Monaten Juli und August sorgen kühle Meeresbrisen für etwas Erfrischung. Überall im Land ist der Winter nur sehr kurz und dauert von November bis Februar. Die Temperaturen sind mild, es regnet häufig, schneit aber nur sehr selten. Im Süden und im Inneren des Landes ist die Hitze von Mai bis September oft so groß, daß das Thermometer in der Wüste Negev und im Becken des Toten Meeres häufig über vierzig Grad anzeigt.

Oben *Ein korinthisches Kapitell aus der Zeit des Kaisers Augustus läßt den alten Glanz von Caesarea erahnen.*
Unten *Das drusische Dorf Majdal Shams im Melital liegt am Fuß des Hermon, dem 2814 Meter hohen Berg im Dreiländereck Israel, Syrien und Libanon.*
Rechts *Viel beschworen wird der Zauber von Tinna, wo sich einst die Kupferminen des Königs Salomon befanden; die Steinformation, die unter dem Namen Mushroom Rock, Felsenpilz, bekannt ist, stellt nur eine der dort zahlreich vorhandenen bizarren Erscheinungen dar.*

# Der Golan – ein Grenzgebiet

*Die Golanhöhen bilden die seit 1981 nach israelischem Verständnis Nordgrenze des Staates Israel. Westlich davon befinden sich der Jordan und der See Genezareth, im Norden wird die Hochebene vom Berg Hermon und im Süden und Osten von den Flüssen Yarmouk und Raqqad begrenzt. Dieser fruchtbare Landstrich ist heute die Heimat von 11 000 Siedlern, die nach 1967 aufgrund einer bis heute umstrittenen Siedlungspolitik hierher kamen und in mehr als zwanzig Dörfern zusammenleben. Das auffälligste Merkmal der Golanhöhen ist wohl das 2814 Meter hohe Massiv des Berges Hermon mit seiner eindrucksvollen Silhouette. Hier fällt in den Monaten von November bis März auch Schnee. An den Hängen des Hermon entspringt der Jordan, der vom Wasser der Schneeschmelze gespeist wird. Er fließt hinunter zum See Genezareth, der 210 Meter unter dem Meeresspiegel liegt.*

Oben *Ein weiteres Hauptcharakteristikum der Golanhöhen sind die vielen Quellen, und das obwohl man sich hier ganz in der Nähe der Wüstengebiete Syriens befindet. Es gibt hier auch einige kleinere Seen, wie den von Masada, beim gleichnamigen Kibbuz.*
Unten *Der arabische Volksmund dieser Region beschreibt den Berg Hermon folgendermaßen: »Am Fuß des Berges herrscht der ewige Sommer, an den Hängen der Frühling, auf seinem Rücken der Herbst, auf dem Gipfel der Winter.« Tatsächlich ist dieses Massiv der einzige Ort Israels mit einem Klima, das man als alpin bezeichnen könnte; hier kommt es auch zu den größten Temperaturunterschieden zwischen Sommer und Winter.*

# Die Quellen des Jordan

*Die Hänge des Hermon sind mit einer Vielzahl kleiner Bergbäche übersät, die bald wieder zusammenfließen und sich zum Jordan vereinen. Eines der faszinierendsten Naturphänomene des Landes sind die Quellen von Banjas, die schon seit Jahrtausenden bekannt sind und sowohl von römischen Historikern als auch in den Evangelien erwähnt wurden. Nicht weit davon entfernt bahnt sich der schnell fließende Strom Dan tosend seinen Weg durch den Wald, um wenig später zum größten Zufluß des Jordans zu werden.*

# Das Jordantal – das biblische Eden

Im Jordantal herrscht auch im Winter ein besonders mildes Klima; die Flora ist geprägt von einer außerordentlichen Artenvielfalt, problemlos gedeihen hier Bananen, Mangos und Avocados. In dieser Region hat auch die israelische Landwirtschaft in den letzten Jahren beträchtliche Fortschritte gemacht. Die örtlichen Obst- und Gemüseplantagen sowie die Gewächshäuser werden mit dem Wasser des Jordans versorgt und beliefern sowohl die einheimischen als auch die Exportmärkte mit Produkten von hoher Qualität.

# Der See Genezareth

Wie ein Smaragd glitzernd liegt der See Genezareth mehr als zweihundert Meter unter dem Meeresspiegel im Herzen Galiläas, umgeben von einer subtropischen Hügelkette. Seine Ufer waren Schauplatz mehrerer Predigten Jesu. Auch die zwölf Apostel schlossen sich hier zusammen. Der Überlieferung nach vollzog sich in Tabgha die wundersame Brotvermehrung. Nicht weit davon entfernt liegen Kafarnaum, der Ort, wo Petrus lebte, und der Berg der Seligpreisungen, auf dem sich Christus den Aposteln offenbarte.

Oben *Den Gipfel des Berges Tabor krönt eine moderne franziskanische Basilika, die von italienischen Mönchen errichtet wurde. Auf diesem Berg, der den See Genezareth überragt, sahen die Jünger das Gesicht Jesu in einem übernatürlichen Licht erstrahlen.*

Rechts *Die Faszination, die von dem sogenannten »Meer von Galiläa« ausgeht, hat schon immer die Phantasie der Menschen angeregt, so daß bereits vor zweitausend Jahren der Historiker Josephus Flavius die Landschaft rund um den See mit den Worten »... in der Schönheit seiner Natur unermeßlich« beschrieb.*

# Wechselfälle der Geschichte

Oben *Auf dem höchsten Hügel erhebt sich die kolossale Kreuzfahrerfestung Belvoir über das gesamte Jordantal.*
Unten *Die Überreste der zahlreichen Kreuzfahrerburgen, wie beispielsweise die von Subeibe in Galiläa, sind als Zeugnisse einer der blutigsten Epochen in der Geschichte des jüdischen Volkes in Erinnerung geblieben.*

Oben In der Stadt Kafarnaum befinden sich die Überreste einer der schönsten Synagogen des Landes. Sie geht auf das vierte Jahrhundert vor Christus zurück und macht den bemerkenswerten Einfluß der hellenistischen auf die kanaanäische Kunst deutlich.
Unten Das römische Theater von Bet Shean im Jordantal konnte einst achttausend Besucher aufnehmen. Noch heute erweckt die ausgezeichnete Akustik in dem großen Zuschauerraum Bewunderung.
S. 82/83 Das Wadi Kelt ist ein tiefes Tal, wo die rauhe Gebirgswelt von der Wüste von Judäa bis hin zum weit abgelegenen griechisch-orthodoxen Kloster von Sankt Georg heranreicht.

# Das Tote Meer – 396 Meter unter Null

Das Tote Meer mit seinen 80 Kilometern Länge und maximal 17 Kilometern Breite, erstreckt sich im größten tektonischen Graben, der je die Erdkruste ausgehöhlt hat und liegt etwa 396 Meter unter dem Meeresspiegel. Die Trockenheit in diesem Tal ist so groß, daß sie keinerlei Pflanzenwuchs zuläßt, nur im nördlichen Teil, in der Nähe der Jordanmündung, ist es zumindest so feucht, daß sich eine spärliche Vegetation entwickeln kann. Im Süden ist der Salzgehalt des Wassers höher und man kann die Senkung des Meeresspiegels durch die Verdunstung, die einzigartige Kristallkonkretionen entlang der Ufer entstehen läßt, wahrnehmen. Aufgrund der besonderen klimatischen und atmosphärischen Gegebenheiten sind am Toten Meer mehrere Tourismuszentren entstanden.

Oben *Die karge, steinige Wüste, die das Tote Meer umgibt, wird nur durch das Grün der Kibbuzim und der Thermalanlagen unterbrochen. Schon seit der Antike ist die wohltuende Wirkung der Moorbäder und des mineralhaltigen Wassers für die Haut bekannt. Die Überlieferung sagt, daß schon Kleopatra diese Qualitäten zu schätzen wußte.*

Unten *Die Oase von En Gedi mit ihren Wasserquellen und ihrer üppigen Natur erscheint geradezu unwirklich inmitten der erbarmungslosen Dürre am Toten Meer.*

Mitte *In den Bergen hinter den Ruinen von Qumran am Toten Meer öffnen sich einige Grotten, in denen 1947 zwei Beduinenhirten zufällig sieben Krüge fanden, in denen die bislang ältesten bekannten Handschriften der Bibel enthalten waren. Die »Schriftrollen vom Toten Meer« werden im Nationalmuseum in Jerusalem ausgestellt.*

Rechts *In En Boqeq, einem viel besuchten Fremdenverkehrsort am Toten Meer, wo man sich die Wirkung der Mineralsalze in dieser Gegend zunutze macht, sind schöne Badeanstalten und moderne Anlagen für Thermaltherapien entstanden.*

מים עמוקים
DEEP WATER

# Das Tote Meer – der salzhaltige See

Als die afrikanische Kontinentalplatte sich von der eurasischen, auf der die Türkei und der Nahe Osten angesiedelt sind, gelöst hat, haben sich in einer Erdspalte, die durch diese Trennung entstanden war, die Wasser des Toten Meeres gesammelt. Das Wasser hat den zehnfachen Salzgehalt anderer Meere und ist von so großer Dichte, daß es unmöglich ist, hier unterzutauchen. Tatsächlich ist das unbewegte, stille Tote Meer, in das der Jordan mündet, nichts anderes als ein See, der keinen Abfluß besitzt. Die Konzentration von Salzen, Magnesium, Kalzium, Natrium und Kalium ist so hoch, daß hier keine Form von Leben möglich ist. Jedoch haben diese chemischen Verbindungen des Toten Meeres wichtige therapeutische Eigenschaften und mehrere Thermalzentren nutzen sie für Kuren gegen Erkrankungen der Haut und der Atmungsorgane.

# Masada – Stolz einer ganzen Nation

Durch langwierige Restaurierungs- und Forschungsarbeit ist es gelungen, eine Vielzahl von bedeutenden Bauten und Fundstücken wie Mauerreste, Befestigungsanlagen, Mosaiken und Wandzeichnungen zu erhalten. Daneben wurden auch einige Gegenstände für den Alltagsgebrauch und große runde Steine, die als Geschosse gegen Belagerer verwendet wurden, aufgefunden.

Die Festung von Masada erhebt sich auf einem alleinstehenden Felsvorsprung über dem Westufer des Toten Meeres. Die Hauptgebäude und die Befestigungsanlagen wurden auf Geheiß des Königs Herodes ungefähr um 30 v. Chr. gebaut. Die Festung ist sechshundert Meter lang und zwischen hundertdreißig und zweihundertvierzig Meter breit. Herodes hatte um das gesamte Plateau eine Mauer, versehen mit Kasematten, ziehen lassen, die noch durch siebenunddreißig Türme verstärkt wurde. Innerhalb der Mauern war genügend Raum für einen Palast, ein Waffenlager und Unterkünfte für eine tausend Mann starke Garnison; die Wasserversorgung wurde durch eine riesige Zisterne gewährleistet, die von Regenwasser gespeist wurde. Ein Großteil des Bodens auf dem Felsen wurde urbar gemacht und die Erträge der Ernte wurden in großen, überdachten Lagern aufbewahrt. Nach dem Tod Herodes' besetzte eine römische Garnison die Festung, die sie aber dann, zu Beginn des Krieges zwischen Juden und Römern an die Zeloten abtreten mußte. Sie blieb bis zum Jahre 73 n. Chr. in deren Händen und wurde anschließend vom Heer des Flavius Silvus belagert. Die Römer konnten mit Hilfe der Konstruktion einer riesigen Rampe einen Belagerungsturm an der Befestigung aufstellen und eine Bresche in die Mauer schlagen; die 960 Belagerten ergaben sich jedoch nicht, sondern begingen gemeinsamen Massenselbstmord.

Oben *Zwischen den Ruinen der Festung von Masada wurden auch Überreste des Kolumbariums, einer Grabkammer, deren Wände voller Nischen für Urnen waren, entdeckt.*
Mitte *Die Zeloten waren durch die Belagerung und durch den Umstand, daß jede Hilfe von außen fehlte, gezwungen, sich mit Notlösungen zu helfen, so wie hier mit dem Backofen, der einfach auf einem kostbaren Mosaikfußboden des Königspalastes installiert worden war.*

Unten *Die Bäder von Masada weisen eindeutig römische Einflüsse auf. Im Kalidarium, dem Raum, in dem warme Bäder genommen wurden, sind noch die Halterungen für die Bodenheizung erhalten.*
S. 90/91 *Masada ist nicht nur unter dem archäologischen Aspekt sehr interessant, sondern ist auch ein bedeutender Ort, was die nationale Identität Israels angeht. Aus diesem Grund leisten die Rekruten des Heeres zu Beginn ihres Militärdienstes einen Eid auf dem höchsten Punkt der Festung ab; das Motto steht im Zeichen des jüdischen Widerstandes und lautet: »Masada wird kein zweites Mal fallen.«*

# Die Wüste Negev

*Die beharrlichen Bauern der Kibbuzim haben innerhalb weniger Jahrzehnte eine nachhaltige Veränderung in der Landschaft der Wüste Negev erreicht. Indem sie Wasser in vorher ausgedörrte Gebiete leiteten, konnten sie eine moderne Landwirtschaft einführen.*

S. 94/95 *Die Senke des Toten Meeres ist eine der trockensten Gegenden auf unserem Planeten: Die Luftfeuchtigkeit erreicht maximal fünfzehn Prozent, und es fallen weniger als fünfzig Millimeter Regen jährlich.*

Oben *Im Herzen der Wüste Negev liegt auf einer Anhöhe Avdat, eine alte Nabatäerstadt, in der im Laufe der Jahrhunderte eindrucksvolle römische Paläste, zwei byzantinische Kirchen und eine Kreuzfahrerburg erbaut wurden. Die archäologischen Grabungen, die die Überreste Avdats ans Licht brachten, haben in den fünfziger Jahren begonnen.*
Unten *Bei En Avdat findet sich eines der Naturwunder der Wüste Negev, ein Ort seltener Schönheit. Auf dem Grund tiefer Schluchten versteckt liegt ein von der Natur geschaffenes Bassin, dessen Wasser aus unterirdischen Quellen stammt.*

Oben *In der Wüste Negev liegen nur wenig voneinander entfernt drei große natürliche Krater, lange Verwerfungen, deren Ursprung bis heute ungeklärt ist: Einige Thesen führen sie auf einen Vulkan zurück, der in längst vergangenen Zeiten aktiv war, daneben existiert noch die Meinung, die Trichter seien durch den Aufschlag von riesigen Meteoriten entstanden.*
Unten *In der Gegend von Elat in der Negev-Region gibt es zwei beeindruckende Felsformationen, die unter dem Namen »Die Pilaster des Königs Salomon« bekannt sind. Sie sind durch gewaltige tektonische Bewegungen, die in frühgeschichtlicher Zeit die Erdoberfläche angehoben haben, und durch die darauffolgende erosive Wirkung des Windes entstanden.*

# ISRAELS STÄDTE

Israel ist eine noch junge Nation, doch im Laufe ihrer kurzen Geschichte hat sich die Bevölkerung enorm vermehrt. Bereits in den Jahren von 1948 bis 1952 hat sich die Zahl der Israelis von 650 000 auf über 1,4 Millionen mehr als verdoppelt. Heute hat Israel etwa viereinhalb Millionen Einwohner, fünf Sechstel davon sind Juden. Israel ist in erster Linie eine Industriegesellschaft, über vierundachtzig Prozent der Bevölkerung lebt in den größeren Städten, allein ein Viertel der Israeli wohnt in Tel Aviv. Seit 1954 geht die Zahl der Landbevölkerung langsam aber stetig zurück; die zunehmende Verstädterung und die Verödung der Dörfer ist eine Entwicklung, die viele Länder betrifft, die aber gerade für einen so kleinen Staat wie Israel ein großes Problem darstellt.

Oben *Die Atmosphäre von Akko ist geprägt durch das orientalische Stadtbild und durch die eigentümlich melancholische Stimmung dieses Ortes. In der schnellebigen und arbeitsamen Welt der jungen Nation wirkt Akko fast wie ein Fremdkörper. Hier scheint die Zeit stehengeblieben zu sein, Eile und Hektik kennt man hier nicht.*
Unten *Im Hochland von Judäa liegt Hebron. Einst politisches und kulturelles Zentrum der Israeliten und bis zur Eroberung Jerusalems Residenz Davids. In der Moschee Aaram el Khalel sollen sich die Gräber von Abraham und Sarah, Isaak und Rebecca, Jakob und Lea befinden.*
Rechts *Eine moderne Bauweise und ein für Großstädte typisches Chaos machen deutlich, daß Tel Aviv erst vor kurzer Zeit, am Anfang des Jahrhunderts von den ersten Zionisten, die nach Israel gekommen waren, gegründet wurde. Durch die darauffolgenden Einwandererwellen ist die junge Metropole dann sehr schnell gewachsen. Im Gegensatz zu Jerusalem, der ewigen Hauptstadt, erscheint Tel Aviv als dynamisches Zentrum, als Mittelpunkt politischer und sozialer Aktivitäten und Sitz der Verwaltung, der Wirtschaftsunternehmen und kulturellen Institutionen. Kurz, Tel Aviv ist der Motor Israels.*

# Tel Aviv – Israels moderne Metropole

*Links* *Der »Weiße Platz« (oben) und die Neue Synagoge (unten) gehören zu den erst in jüngster Zeit verwirklichten Projekten in Tel Aviv.*
*Rechts* *Der Jachthafen, der dem Wirtschaftsunternehmen Kikar Atarim gehört, ist der größte im Nahen Osten.*
S. 102/103 *Tel Aviv wurde im Jahr 1909 von einer kleinen Gruppe jüdischer Pioniere gegründet und ist heute mit seinen über fünfhunderttausend Einwohnern die dichtbesiedeltste Stadt des Landes.*

Innerhalb weniger Jahrzehnte hat sich der ursprüngliche Stadtkern von Tel Aviv in ein pulsierendes, dynamisch-urbanes Zentrum mit breiten Straßen und tosendem Verkehr, mit unzähligen Geschäften, Kinos, Boutiquen, Cafés, kulturellen Einrichtungen, Kunstgalerien und Museen verwandelt. Es herrscht ebenso wie in anderen Metropolen sowohl tagsüber als auch nachts ein lebhaftes Treiben. Die Restaurants und Nachtlokale haben bis in den frühen Morgen hinein geöffnet, das ganze Jahr über werden zahlreiche Theatervorstellungen und Konzerte gegeben. Darüber hinaus bietet die Stadt ein mildes Klima und eine wunderschöne Lage, nur wenig entfernt vom Geschäftszentrum ist das saubere, klare Meer mit seinen breiten Sandstränden, die Jaffa und Tel Aviv miteinander verbinden.

Links *Jaffa, einst der Hafen Jerusalems, gehört heute zu Tel Aviv und wurde einer Sage nach von Jafet, dem Sohn Nohas gegründet. Heute ist Jaffa eine lebhafte Stadt, die dank zahlreicher Kunstgalerien, Ausstellungen und Straßencafés, die Tag und Nacht von avantgardistischen Künstlern und Schriftstellern besucht werden, noch immer ihren Flair der Bohème bewahrt hat.*

Rechts oben *Die Küstenstraße von Tel Aviv wird von einer Reihe von modernen Geschäftshäusern, Luxushotels, Restaurants und Szenetreffs eingenommen.*

Rechts Mitte *Der Strand von Tel Aviv wird ständig gepflegt und ist ein idealer Ort der Zerstreuung für die Einwohner der Metropole.*

Rechts unten *Das Mann-Auditorium in der Nähe des Theaters ist der Sitz der israelischen Philharmoniker.*

# Das weltoffene Haifa

*Beim Blick über Haifa fällt die vergoldete Kuppel des Bahai-Tempels ins Auge, der sich majestätisch inmitten eines farbenprächtigen blühenden Gartens erhebt.*

Oben und unten *Haifa zählt 250 000 Einwohner auf einer Fläche von 7500 Hektar. Das stetig wachsende Haifa hat nun auch die Ausläufer des Karmel, des Berges, von dem aus der Prophet Jesaja Blüte und Glanz verhieß, vereinnahmt.*

»Eine herrliche Stadt war an das tiefblaue Meer gelagert. Großartige Steindämme ruhten im Wasser und ließen den weiten Hafen dem Blick der Fremden sogleich als das erscheinen, was er wirklich war: der bequemste und sicherste Hafen des Mittelländischen Meeres. Schiffe aller Größen, aller Arten, aller Nationen, hielten sich in dieser Geborgenheit auf.« So schilderte Theodor Herzl Haifa in seinem visionären Roman »Altneuland«, der 1902 erschien.

Wie bei vielen anderen großen Hafenstädten begann die Geschichte Haifas auch als Fischdorf. Doch der Aufstieg zu einer bedeutenden Hafenstadt bescherte Haifa ein wechselvolles Schicksal. Zu Beginn des 12. Jahrhunderts wurde die Stadt von Seeseite durch die venezianische Flotte und von Land durch ein französisches Kreuzfahrerheer belagert. Die Einwohner, Juden und Araber gemeinsam, leisteten erbitterten Widerstand, konnten aber die

Eroberung nicht verhindern und kaum einer überlebte die Erstürmung.
Heute ist Haifa mit einem bedeutenden Handels- und Passagierhafen die drittgrößte Stadt Israels. Das städtische Ballungszentrum zieht sich von den Geschäftsvierteln am Hafen bis hin zu den Hängen des Karmel, wo elegante Wohnviertel, Grünflächen und Gärten, von denen aus man auf die Bucht und bis nach Akri, an klaren Tagen sogar bis zu den Hügeln, die Israel vom Libanon abgrenzen, blicken kann, das Stadtbild bestimmen. Zwar ist hier nichts von dem mystischen Charakter Jerusalems und vom künstlerischen Flair Tel Avivs zu spüren, aber trotzdem ist Haifa doch eine lebendige und auch reiche Stadt.

# Tiberias – die Stadt am See

Die römische Stadt Tiberias besitzt heilende Thermalquellen und ist ein angenehmer Aufenthaltsort im Winter. Seine Vorzüge haben Tiberias über die engen Grenzen Israels hinaus berühmt gemacht. Gründer der Stadt war Herodes Antipa, ein Sohn Herodes' des Großen, der die Stadt nach dem Kaiser Tiberius benannte. Nachdem die Römer es den Juden verboten hatten, in Jerusalem zu leben, wurde Tiberias das Zentrum des Judentums. Aufgrund ihrer Lage hatte die Stadt eine bewegte Geschichte: Nacheinander wurde sie von den Byzantinern, den Kreuzfahrern, den Sarazenen und den Türken regiert, und alle hinterließen ihre Spuren im Stadtbild. Zu den interessantesten Denkmälern gehören die Gräber der Rabbiner Meir Baal Haness und Akiba, die für die jüdische Pilgerschaft heilige Orte sind.

»Er durchzog ganz Galiläa, lehrte in ihren Synagogen, verkündete die Heilsbotschaft vom Reiche und heilte jede Krankheit und jedes Gebrechen im Volke. Und die Kunde von ihm verbreitete sich in ganz Syrien. Und sie brachten alle Leidenden zu ihm, alle, die von den verschiedensten Krankheiten und Schmerzen geplagt waren, Besessene und Mondsüchtige und Gelähmte, und er heilte sie. Und ganze Scharen folgten ihm, aus Galiläa, der Dekapolis, Jerusalem, Judäa und aus dem Land jenseits des Jordans.«

*Matthäusevangelium 4,23—24*

# Caesarea – Erinnerung an die ruhmreiche Kaiserzeit

Schon der Name Caesarea läßt einen an den Ruhm und Prunk, den diese Stadt seit Beginn unserer Zeitrechnung, als Herodes der Große sie nach Cäsar nannte und sie mit prächtigen Bauten verschönte, denken. Im Laufe seiner Geschichte war Caesarea aufgrund seiner strategisch günstigen Lage am Mittelmeer oft der Ort blutiger Auseinandersetzungen im Zuge vieler Eroberungsfeldzüge. Jüngste Ausgrabungen haben Überreste aus der Römerzeit sowie den Mauergürtel und die mittelalterliche Zitadelle ans Licht gebracht.

Links *Der lange Bogengang zum Eingang der Kreuzfahrerzitadelle.*
Mitte *Zu den interessantesten Bauwerken Caesareas gehören das römische Theater und die Festung, die von den Kreuzrittern des heiligen Ludwig erbaut wurde.*
Rechts *Elegante Spitzbögen stützten die Überdachung eines geräumigen Salons in der Kreuzfahrerzitadelle.*

# Akko – eine Stadt mit bewegter Vergangenheit

*Nach der Unabhängigkeitserklärung erlangte Akko sehr schnell einen Ruf als Hafenstadt und entwickelte rasch den industriellen Sektor der Stadt. Doch dank der vielen historischen Gebäude konnte es weitgehend den Charme einer mittelalterlichen Stadt bewahren.*

*Typisch für Akko ist seine ottomanische Arichtektur, die vor allem auf die Pläne und die Bautätigkeit des Ahmed el-Jazzar, eines Paschas des achtzehnten Jahrhunderts, zurückgeht. Er ließ auch die nach ihm benannte Moschee, die die größte Israels ist, errichten. Die Moschee wurde 1781 gebaut und gehört zu den wichtigsten religiösen Stätten der Moslems in Israel.*

Von den Mauern aus der Kreuzritterzeit umgeben, scheint Akko still über die unendliche Weite des Mittelmeeres zu blicken. Die alten Gemäuer, die während einer jahrhundertelangen, oft bewegten und blutigen Geschichte errichtet wurden, die Ritterhalle, die unterirdische Krypta, die Ahmed-al-Jazzer-Moschee erzählen von Kämpfen und zermürbenden Belagerungen, von Zerstörung und Wiederaufbau und von unerschöpflichem Fleiß. In der Vergangenheit gehörte zu den wertvollsten Errungenschaften Akkos die Gewinnung und die Verwendung des Naturfärbemittels Purpur. Darüber hinaus bezeichnet der römische Geschichtsschreiber Plinius die Stadt, die damals unter dem Namen Colonia Claudia Felix bekannt war, als Ort der Entdeckung der Glasverarbeitungstechnik. Akko wird mehrmals in der Bibel sowie in den Aufzeichnungen der ägyptischen Pharaonen erwähnt und birgt das ganze Geheimnis des arabischen Orients in sich, was vor allem in den engen Gäßchen des »souk« und auf den Kais des mittelalterlichen Hafens spürbar wird.

Die alte Hafenstadt Akko liegt in einer strategisch bedeutsamen Position ganz im Norden des gleichnamigen Golfes und war deshalb wiederholt ein Angriffsziel von Eroberern. Akko ist eine phönizische Gründung und gehörte abwechselnd zum Einflußgebiet der Ägypter, Assyrer, Perser und Römer; im Jahr 638 wurde es von den Arabern vereinnahmt. Im Jahr 1191 belagerte Richard Löwenherz die Stadt und entriß sie Saladin; Akko wurde zum Zentrum des Reiches der Kreuzritter. Danach unterstand es den Rittern des heiligen Johannes, die Akko zu ihrer Hauptstadt machten; aber 1291 gelangte es in die Hände der Muselmanen und sank zur Bedeutungslosigkeit herab. Erst im achten Jahrhundert erlebte Akko wieder eine Blütezeit durch türkische Emire. Im Jahre 1799 widerstand es mit Hilfe der britischen Seemacht der Belagerung durch Napoleon. Akko ist eindeutig arabisch geprägt und wurde 1948 infolge eines gewagten Angriffs vom Meer aus vom israelischen Heer erobert. Heute zählt die Stadt etwa 40 000 Einwohner, wovon zwei Drittel Juden sind.

Oben *Die schlanken Bögen eines Aquädukts, der noch von den Türken für die Wasserversorgung der Stadt genutzt wurde, sind noch immer inmitten der Felder, die Akko umgeben, zu sehen.*

Mitte *Die Karawanserei war eine Art von Hotel, um die Karawanen zu beherbergen. Die Säulenkarawanserei von Khan El Umdan im Herzen der Altstadt zeichnet sich durch eine zweistöckige überdachte Galerie und durch einen hohen Aussichtsturm aus.*

Unten *Die von schmalen Spitzbögen gestützte Krypta der sogenannten Kreuzfahrerzitadelle ist eines der interessantesten Beispiele für mittelalterliche gotische Architektur des Heiligen Landes.*

Rechts *Am alten Hafen von Akko, der von den Minaretten zweier Moscheen überragt wird, verstärkt sich der Eindruck, man befinde sich in einer arabischen Stadt, wo sich das Leben nach althergebrachten Rhythmen vollzieht.*

# Nazareth – die Stadt der Verkündigung

Im Arabischen und im Hebräischen bedeutet der Name Nazareth soviel wie »die Hüterin«. Ursprünglich bezog sich dieser Name auf die strategische Position des Ortes auf einer Anhöhe über dem Tal von Esdrelon. Heute scheint der Name auf die Rolle, die die Geschichte dem Ort zugedacht hat, anzuspielen, seit Nazareth zur Hüterin der christlichen Tradition unter den wachsamen Augen der Franziskaner geworden ist. Gemäß der Heiligen Schrift wurde Maria hier die Geburt Jesu verkündet. Aus diesem Grund siedelten sich die Christen schon in früher Zeit an diesem Ort an und begannen mit dem Bau der ersten Kirche. Deren Platz nahm danach zunächst eine byzantinische Basilika ein. Später errichteten die Kreuzfahrer an gleicher Stelle ebenfalls eine Basilika, von der heute nur noch wenige Reste zu sehen sind. Im Jahr 1730 waren es die Franziskaner, die von neuem eine Kirche zu bauen begannen, die aber 1955 abgerissen wurde, um für die Verwirklichung des prächtigen Gebäudekomplexes nach Plänen des italienischen Architekten Giovanni Muzio Platz zu machen.

Links *Die Basilika der Verkündigung ist die größte christliche Kirche im gesamten Nahen Osten. Sie wurde kurz vor Ausbruch des Sechs-Tage-Krieges und mit Hilfe einer Finanzierung aus öffentlichen Mitteln durch den Staat Israel fertiggestellt. Das moderne Gebäude wurde um die Grotte, in der die Jungfrau Maria vom Erzengel Gabriel aufgesucht wurde, errichtet.*

Mitte *Die Überreste der vormaligen byzantinischen Kirche sind mit der Errichtung der Basilika der Verkündigung überbaut worden.*

Rechts *Obwohl schon seit längst vergangener Zeit bewohnt, ist Nazareth in unseren Tagen noch zu keiner bedeutenden und aufstrebenden Stadt geworden. Geprägt wird das Stadtbild heute von der ethnischen und religiösen Vielfalt ihrer Bewohner. Außer den Moslems der Altstadt und den Juden aus dem neuen Stadtviertel Illit kann man hier viele andere Glaubensgemeinschaften antreffen, darunter arabische Christen, Katholiken, Griechisch-Orthodoxe, Maroniten und andere kleinere Konfessionen, von denen jede ihre eigenen Gotteshäuser besitzt.*

# Bethlehem – die Wiege des Christentums

Bethlehem liegt neun Kilometer entfernt von Jerusalem inmitten einer sehr fruchtbaren Region, in der Oliven, Weizen und Wein angebaut werden. Daher stammt auch ihr schlichter Name Ephrata »Fruchtbarkeit«. Die moderne, auf Vergrößerung ausgerichtete Stadtentwicklung erweckt den Eindruck, als sei sie ohne Berücksichtigung der historischen Bedeutung der Ortschaft, die in der alten jüdischen Geschichte als Heimat der Familie Davids bezeichnet wird, vollzogen worden; doch schon die Verfasser der antiken Texte beharren auf der Kleinheit und Bescheidenheit des Ortes. Die evangelische Kirchentradition sieht in Bethlehem den Geburtsort von Jesus Christus. Der heilige Hieronymus erinnert an diese Geburt in einer Grotte, die bald darauf zum Wallfahrtsziel und zu einer der heiligsten Städte des Christentums wurde. An dieser vermeintlichen Geburtsstätte des Erlösers ließ die Mutter Kaiser Konstantins, die heilige Helena, schon 330 die wahrscheinlich älteste Kirche der Welt errichten.

Oben und unten *Schon häufig geschah es im Heiligen Land, daß die christlichen Kultstätten so nah beieinander lagen, daß man sie nicht mehr genau voneinander abgrenzen konnte; so kann sich die moderne Kirche der heiligen Katharina beispielsweise eines mittelalterlichen Kreuzganges rühmen, obwohl die Kirche erst 1881 errichtet wurde. Sie ist mit der Grotte der Geburt über einen unterirdischen Gang verbunden.*
Mitte *Bethlehem ist nicht nur den Christen heilig. Auch das Judentum feiert hier das Andenken an Rachel, die Frau des Patriarchen Jakob.*
Rechts *Die Symbole verschiedener Religionen stehen sich hier sinnbildlich gegenüber.*

Oben *In der Grotte der Geburt erinnert ein in den Boden eingefaßter silberner Stein an das wundersame Ereignis. Auf ihm steht in Lateinisch geschrieben: »Hic de Vergine Maria Jesus natus est.« (Hier hat die Jungfrau Maria Jesus geboren.)*
Unten *Viele Jahrhunderte lang haben Wallfahrer aller christlichen Konfessionen in der Kirche der Geburt Zeugnisse ihres Glaubens zusammengetragen. Im Inneren leuchten daher Gedächtnislampen und Ikonen, die für die jeweiligen Glaubensrichtungen stehen.*

*»Auch Joseph zog von Galiläa aus der Stadt Nazaret hinauf nach Judäa in die Stadt Davids, die Bethlehem heißt, weil er aus dem Hause und Geschlechte Davids war, um sich mit Maria, seiner Verlobten, die schwanger war, eintragen zu lassen. Während sie dort waren, begab es sich aber, daß sich die Tage vollendeten, da sie gebären sollte. Und sie gebar ihren Sohn, den Erstgeborenen, wickelte ihn in Windeln und legte ihn in eine Krippe, weil für sie kein Platz in der Herberge war.«*

*Lukasevangelium 2,4–7*

*Die Grotte der Geburt, die sich im Besitz der griechisch-orthodoxen Bruderschaft befindet, ist nur klein. Die Wände sind zum Teil mit Marmor verkleidet. Unter einer kleinen Apsis steht der Altar der Geburt Christi. Reich verziert, mit fünfzehn silbernen Lampen – von denen jede eine andere christliche Konfession repräsentiert – und einem Silberstern kennzeichnet er die Stelle, wo Christus zur Welt kam. Seitlich befindet sich der kleine Altar der Krippe, in die das Kind gelegt wurde; ihm gegenüber ist der Altar der Heiligen Drei Könige, die einst zur Anbetung in die Grotte kamen.*

# Elat – ein Paradies am Meer

Elat liegt am südlichsten Punkt Israels, am Golf von Aqaba. Die wichtige Hafenstadt am Roten Meer ist in den letzten Jahren zu einem blühenden Tourismuszentrum geworden, das vor allem bei Unterwassersportlern beliebt ist. Elat ist auch bekannt wegen seines Meeresobservatoriums einschließlich eines Unterwasserturms, von dem aus man direkt die Unterwasserwelt beobachten kann.

LUCKY DIVERS

L'AMIE

Die Deutsche Bibliothek - CIP-Einheitsaufnahme

**Reise durch Israel** / Fabio Bourbon ; Patrizia Balocco. [Übers.: Petra Strassenmeyer und Friedrich Peterhans]. – Würzburg : Stürtz, 1993
Einheitssacht.: Grandangolo Israele ‹dt.›
ISBN 3-8003-0461-9
NE: Bourbon, Fabio; Balocco, Patrizia; Strassenmeyer, Petra [Übers.]; EST


Übersetzung: Petra Straßenmeyer und Friedrich Peterhans
Gestaltung: Patrizia Balocco
Schutzumschlag: Helmut Selle

ISBN 3-8003-0461-9

# BILDNACHWEIS

Marcello Bertinetti/Archiv White Star: Schutzumschlag vorne, Schutzumschlag hinten, S. 1, 2-3, 4-5, 6, 7, 10-11, 19 oben, 26, 27, 28 unten, 32 oben, 32 unten, 34, 35, 36-37, 38, 39, 40-41, 42, 43, 44, 45, 46, 47, 48-49, 50, 51, 52, 53, 54-55, 56, 57, 58, 59, 60, 61, 62 oben, 62 unten, 63, 65, 66-67, 80 oben, 81 unten, 84 oben, 84 rechts, 89, 90-91, 92 oben, 94-95, 101, 105 unten, 112, 128. – Cesare Gerolimetto/Archiv White Star: S. 8-9, 12-13, 18 links, 22, 23 unten, 28 oben, 29 oben, 29 unten, 30-31, 62 Mitte, 68-69, 70, 71, 72, 73 oben, 74, 75, 76, 77, 78, 79, 81 oben, 82-83, 84 unten, 85, 86, 92 unten, 93, 97, 99, 100, 102-103, 104, 105 oben und Mitte, 106-107, 108-109, 110, 111, 118 links, 123, 124, 125. – G. B. A. Communication/SIE: S. 88 Mitte und unten. – Richard T. Nowitz/Apa Photo Agency: S. 24-25, 64, 87. – Jean-Charles Pinheira: S. 16, 17, 18 recht, 19 Mitte und unten, 20-21, 23 oben, 80 unten, 88 oben, 96, 98, 112 rechts, 113, 114, 116, 118 rechts, 119, 120, 121, 122, 126-127. – M. Zur/ZEFA: S. 117. – ZEFA: S. 4-15, 73 unten, 115.

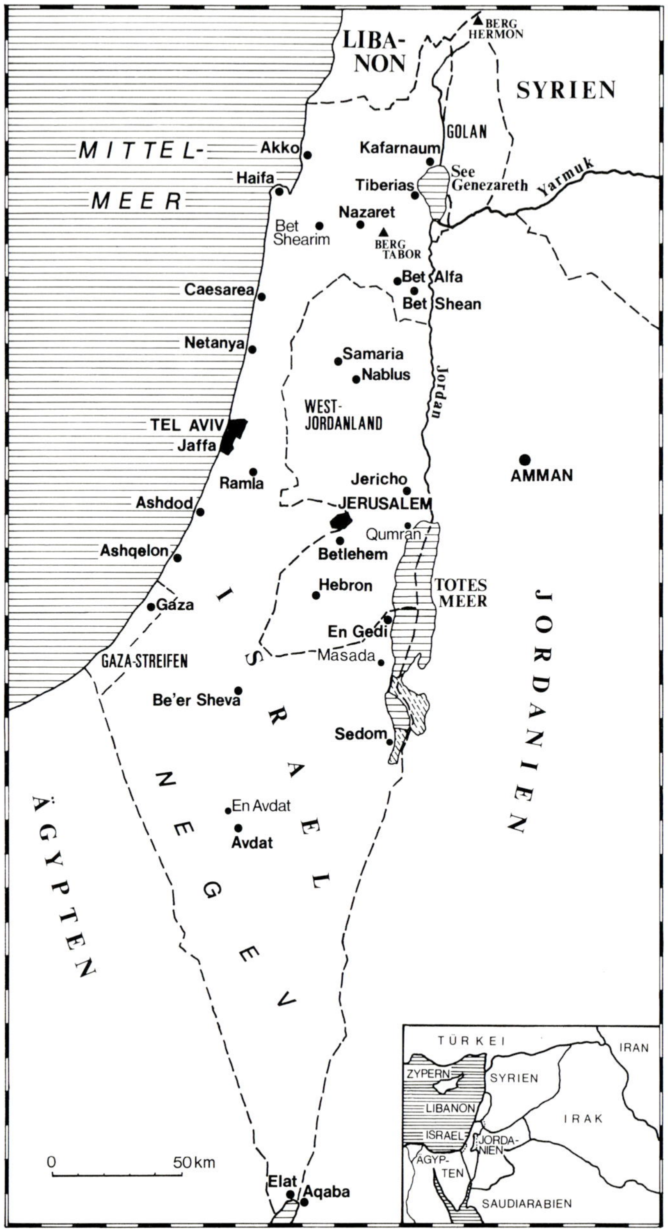